Französisch

Französisch
Sprachführer
für die Reise

© 2001 by ECO Verlag, Köln, Eltville/Rhein
Producing und Redaktion: Target Data, Dortmund
Fachlektorat: Andreas Schieberle
Titelgestaltung: Roberto Patelli, Köln
Gesamtherstellung: ECO Verlag und Ebner Graphische Betriebe, Ulm
Alle Rechte vorbehalten
ISBN 3-933468-02-7

Inhalt

Alltag

Zahlen/Ordnungszahlen	8
Zeitangaben	9
Wegbeschreibungen	14
Wetter	16
Geld wechseln	19
Telefon und Brief	22

Zwischenmenschliches

Gespräche	26
Verabreden und Flirten	33
Geschäftliches	36
Kinder	41

Unterwegs

Mit dem Flugzeug	45
Mit Bus und Bahn	49
Mit dem Schiff	54
Mit dem Auto	57
Auf zwei Rädern	65

Unterkunft

Im Hotel	69
Im Ferienhaus	77
Auf dem Campingplatz	81
In der Jugendherberge	85

Essen und Trinken

Im Restaurant	88
Ausgehen	99
Die Weinprobe	103

Einkaufen

Einkaufen	107
Im Supermarkt	111
Auf dem Markt	115
In der Drogerie	123
Tabak- und Schreibwaren	127
Im Modegeschäft	131
Im Schmuckladen	138
Im Souvenirshop	141

Urlaub

Badeurlaub	144
Sport treiben	151
Wandern	158
Ins Kino/Theater	161
Besichtigungstour	166
Fotografieren und Filmen	173

Notfälle

Beim Arzt	177
Beim Zahnarzt	185
In der Apotheke	189
Bei der Polizei	192
Verkehrsunfall	197
In der Werkstatt	201
Beim Optiker	206

Die wichtigsten Wörter   210

Aussprache

Die Aussprache findet sich immer direkt unter bzw. neben dem jeweiligen Begriff/der jeweiligen Redewendung; die zu betonenden Silben sind jeweils unterstrichen. Um dem im Französischen ungeübten Leser die Aussprache zu erleichtern, ist sie in der Regel etwas vereinfacht worden; auf Lautschrift-Sonderzeichen wurde weitgehend verzichtet. Regionale Besonderheiten fanden keine Berücksichtigung.

Auf einige Grundregeln der Aussprache sei hier hingewiesen:

c: vor e und *i* wie *ß*; in allen anderen Fällen wie *k*.

ch: als *sch*

g, j: g vor den Vokalen *a, u* und *o* oder vor einem Konsonant als *g*, g und j vor *e* oder *i* als *weiches g* wie am Ende des Wortes Garage. Zur Kennzeichnung dieses weichen g dient das Sonderzeichen ĝ.

h: im Französischen generell nicht gesprochen

ou: wie *u*

v: wie *w*

y: wie *i*

z: als stimmhaftes *s* wie in Rose

Bei der Aussprache des Französischen spielen Nasale eine wichtige Rolle. Sie sind in der Lautschrift durch eingeklammerte Buchstaben – z.B. *(n)* – dargestellt. Diese Buchstaben klingen nur leicht an. Als kleiner Tipp: Die jeweilige Silbe klingt etwa so, als wenn man sich bei ihrer Aussprache die Nase zuhält. Innerhalb von Sinneinheiten (z.B. Artikel + Substantiv) wird der Endkonsonant eines Wortes mit dem Anfangsvokal des folgenden Wortes häufig verbunden.

Zu allen Begriffen wurden die Artikel angegeben: le (männlich Singular), la (weiblich Singular) bzw. les (männlich und weiblich Plural).

Zahlen/Ordnungszahlen

0	zéro *sehro*	19	dix-neuf *disnöf*
1	un *ön(g)*	20	vingt *wäh(n)*
2	deux *dö*	30	trente *trah(n)t*
3	trois *troa*	40	quarante *karah(n)t*
4	quatre *katr*	50	cinquante *ßäh(n)kah(n)t*
5	cinq *ßäh(n)k*	60	soixante *ßoaßah(n)t*
6	six *ßiß*	70	soixante-dix *ßoaßah(n)t-diß*
7	sept *ßet*	80	quatre-vingts *katr-wäh(n)*
8	huit *üit*	90	quatre-vingt-dix *katr-wäh(n)-diß*
9	neuf *nöf*	100	cent *ßah(n)*
10	dix *diß*	101	cent un *ßah(n) ön(g)*
11	onze *oh(n)s*	200	deux cents *dö ßah(n)*
12	douze *duhs*	1000	mille *mil*
13	treize *trähs*	2000	deux mille *dö mil*
14	quatorze *kators*	100 000	cent mille *ßah(n) mil*
15	quinze *käh(n)s*	1 000 000	un million *ön(g) mijon(g)*
16	seize *ßähs*	1.	premier *prömjeh*
17	dix-sept *dißet*	2.	deuxième *dösjämm*
18	dix-huit *disüit*	3.	troisième *troasjämm*

Zeitangaben

Die wichtigsten Begriffe

abends	le soir	*lö Boahr*
am Wochenende	le week-end	*lö uiek-end*
bald	bientôt	*bjäh(n)toh*
früh	tôt	*toh*
früher	plus tôt	*plü toh*
gestern	hier	*ijähr*
heute	aujourd'hui	*ohğurdüi*
jetzt	maintenant	*mäh(n)tönah(n)*
manchmal	quelquefois	*kelköfoa*
mittags	à midi	*a midi*
morgen	demain	*dömäh(n)*
morgens	le matin	*lö matäh(n)*
monatlich	mensuel	*mah(n)ßüel*
nachmittags	l'après-midi (m)	*laprä-midi*
nachts	la nuit	*nüi*
nie	jamais	*ğamä*
oft	souvent	*ßuwah(n)*
rechtzeitig	à temps	*a tah(m)*

Begriffe

heute
- Abend
  ce soir
  ßö ßoahr
- Mittag
  ce midi
  ßö midi
- Morgen
  ce matin
  ßö matäh(n)
- Nachmittag
  cet après-midi
  ßetaprä-midi
- Nacht
  cette nuit
  ßet nüi

selten	rare	
	rahr	
spät	tard	
	tahr	
später	plus tard	
	plü tahr	
stündlich	une fois par heure	
	ühn fo<u>a</u> pa<u>rö</u>hr	

Wochentage
Montag	**lundi**	*löh(n)<u>di</u>*
Dienstag	**mardi**	*mar<u>di</u>*
Mittwoch	**mercredi**	*merkrö<u>di</u>*
Donnerstag	**jeudi**	*ğö<u>di</u>*
Freitag	**vendredi**	*wah(n)drö<u>di</u>*
Samstag	**samedi**	*Bam<u>di</u>*
Sonntag	**dimanche**	*di<u>mah(n)sch</u>*

Monate
Januar	**janvier**	*ğah(n)w<u>jeh</u>*
Februar	**février**	*fehwri<u>jeh</u>*
März	**mars**	*mars*
April	**avril**	*aw<u>rihl</u>*
Mai	**mai**	*mä*
Juni	**juin**	*ğü<u>äh(n)</u>*
Juli	**juillet**	*ğüi<u>jäh</u>*
August	**août**	*u*
September	**septembre**	*Bep<u>tah(m)</u>br*
Oktober	**octobre**	*ok<u>tohb</u>r*
November	**novembre**	*no<u>wah(m)</u>br*
Dezember	**décembre**	*deh<u>Bah(m)</u>br*

täglich	tous les jours	
	tu leh <u>ğuhr</u>	
übermorgen	après-demain	
	aprä-dö<u>mäh(n)</u>	
vorgestern	avant-hier	
	awah(n)ti<u>jähr</u>	
vorher	avant	
	<u>a</u>wah(n)	
vormittags	le matin	
	lö ma<u>täh(n)</u>	
wöchentlich	hebdomadaire	
	ebdoma<u>dähr</u>	

Il est ...
Il ä

... deux heures quarante
dösöhr karah(n)t

... neuf heures moins cinq
nöföhr moäh(n) Bäh(n)k

... sept heures et demi
Bet̲öhr eh dömi

... midi (12 h)/minuit (24 h)
midi/minüi

... huit heures vingt
üitöhr wäh(n)

... onze heures cinq
oh(n)söhr Bäh(n)k

... quatre heures et quart
kattröhr eh kahr

... deux heures moins le quart
dösöhr moäh(n) lö kahr

Alltag

11

| *Wendungen* | **Die wichtigsten Redewendungen** |

Wie viel Uhr ist es?
Quelle heure est-il?
Kel öhr ätil

Um wie viel Uhr (treffen wir uns)?
A quelle heure (on se retrouve)?
A kel öhr (on(g) ßö rötruhw)

Um 15 Uhr treffen wir uns.
On se retrouve à quinze heures.
On(g) ßö rötruhw a käh(n)söhr

In vier Stunden.
Dans quatre heures.
Dah(n) katröhr

Zwischen fünf und sechs Uhr.
Entre cinq et six (heures).
Ah(n)tr ßäh(n)k eh ßihs(öhr)

Wie lange dauert es?
Ça dure combien de temps?
ßa dühr ko(m)bjäh(n) dö tah(m)

Es dauert eine Stunde (lang).
Ça dure une heure.
ßa dühr ühn öhr

Feiertage und Feste

Neujahr	**le jour de l'an**	*lö ğuhr dö lah(n)*
Ostern	**Pâques**	*pak*
8. Mai *	**le 8 mai**	*lö üi mä*
Himmelfahrt	**l'Ascension (f)**	*laßah(n)ßjon(g)*
Pfingsten	**la Pentecôte**	*la Pah(n)tkoht*
14. Juli **	**le 14 juillet**	*lö kators ğüijäh*
Allerheiligen	**la Toussaint**	*la tußäh(n)*
11. November ***	**le 11 novembre**	*le oh(n)s nowah(m)br*
Heiligabend	**la veille de Noël**	*la wej dö noel*
Weihnachten	**Noël**	*noel*
Silvester	**la Saint-Sylvestre**	*la ßäh(n)-Bilwestr*

* Ende des 2. Weltkriegs ** Nationalfeiertag *** Ende des 1. Weltkriegs

Von vier bis fünf Uhr.
De quatre heures à cinq heures.
Dö katröhr a ßäh(n)köhr

Bis acht Uhr.
Jusqu'à huit heures.
ğüska üitöhr

Seit wann (sind Sie hier)?
Depuis quand (vous êtes ici)?
Döpüi kah(n) (wuhsät ißi)

Seit drei Uhr nachmittags.
Depuis quinze heures.
Döpüi käh(n)söhr

Seit einer Stunde.
Depuis une heure.
Döpüi ühnöhr

Es ist noch zu früh.
Il est encore trop tôt.
Il äta(n)gkohr troh toh

Es ist (zu) spät.
Il est (trop) tard.
Il ä (troh) tahr

Den Wievielten haben wir heute?
On est le combien aujourd'hui?
Onä lö ko(m)bjäh(n) ohğurdüi

Heute ist der 10. Oktober.
Aujourd'hui, on est le dix octobre.
ohğurdüi, onä lö diß oktohbr

Jahreszeiten		
Frühjahr	**le printemps**	*präh(n)tah(m)*
Sommer	**l'été (m)**	*lehteh*
Herbst	**l'automne (m)**	*lohtonn*
Winter	**l'hiver (m)**	*liwähr*

Wegbeschreibungen

Wendungen — Die wichtigsten Redewendungen

Wo ist ...?
Où est ...?
U ä

Können Sie mir sagen ...?
Pourriez-vous me dire ...?
Purjeh-<u>wuh</u> mö dihr

In welche Richtung muß ich gehen?
Il faut aller par où?
Il foh al<u>leh</u> par <u>u</u>

Richtungshinweise

am Anfang	au début	*oh deh<u>bü</u>*
am Ende	à la fin	*a la fäh(n)*
an der Ecke	au coin	*oh ko<u>äh</u>(n)*
gegenüber	vis-à-vis	*wisa<u>wi</u>*
geradeaus	tout droit	*tu dro<u>a</u>*
hinab	descendre	*deh<u>ßah(n)</u>dr*
hinauf	monter	*moh<u>nteh</u>*
hinten	à l'arrière	*a larri<u>jähr</u>*
hinter	derrière	*därri<u>jähr</u>*
links	à gauche	*a gohsch*
oben	en haut	*an(g) <u>oh</u>*
rechts	à droite	*a dro<u>att</u>*
rückwärts	en arrière	*ahnarri<u>jähr</u>*
unten	en bas	*an(g) <u>ba</u>*
vor	devant	*dö<u>wah(n)</u>*
vorn	en face	*an(g) faß*
vorwärts	en avant	*ahna<u>wah(n)</u>*

Wie komme ich am schnellsten nach ...?
Comment je vais à ... le plus rapidement possible?
Ko<u>mah(n)</u> ǧö wä a ... lö plü rapid<u>man(g)</u> possible

Wie weit es bis zum/zur ...?
Ça fait combien de kilomètres jusqu'à ...?
ßa fä ko(m)<u>bjäh(n)</u> dö kilo<u>mätr</u> ǧüs<u>ka</u>

Eine Wegbeschreibung, die Sie auf Ihre Frage von einem Einheimischen bekommen, könnte sich so anhören:

Allez tout droit jusqu'à ce que vous voyiez un bistrot vis-à-vis. Puis vous tournez à gauche et prenez la deuxième rue à droite jusqu'à ce que vous arriviez à une grande place. Traversez cette place et vous trouverez la gare à gauche.
Alleh tu drog ğüskas kö wuh woaijeh ön(g) bistroh wisawi. Pui wuh turneh a gohsch eh pröneh la dösijämm rü a droott ğüskas kö wuhsariwjeh a ühn grah(n)d plahß. Trawerßeh Bet plahß eh wuh truwereh la gahr a gohsch
Gehen Sie geradeaus, bis Sie ein Bistro auf der gegenüberliegenden Seite sehen. Dann gehen Sie links und nehmen die zweite Straße rechts, bis Sie einen großen Platz erreichen. Überqueren Sie diesen Platz und Sie werden den Bahnhof zu Ihrer Linken finden.

Scheuen Sie sich nicht nachzufragen, wenn Sie etwas nicht verstehen:
Je ne comprends pas. *(ğö nö komprah(n) pa)*

Sollte Ihr Ziel recht weit entfernt sein, wird man Ihnen empfehlen, ein öffentliches Verkehrsmittel zu benutzen:

Prenez le bus/le métro.
Pröneh lö büs/lö mehtro
Nehmen Sie den Bus/die U-Bahn.

Alltag

Wie komme ich zur Autobahn?
L'autoroute, c'est par où?
Lohtorut, ßä par u

Ist das die Straße nach ...?
C'est bien la route de ...?
Bä bjäh(n) la rut dö

Würden Sie mir das auf der Karte zeigen?
Pourriez-vous me le montrer sur la carte?
Purjeh-wuh mö lö moh(n)treh ßür la kart

Wohin fährt der Bus/die Bahn/der Zug?
Où va le bus/le train?
U wa lö büs/lö träh(n)

Woher kommt der Bus/die Bahn/der Zug?
D'où vient le bus/le train?
Du wjäh(n) lö büs/lö träh(n)

Wetter

Begriffe

Die wichtigsten Begriffe

bedeckt	couvert
	kuwähr
bewölkt	nuageux
	nüagö
Blitz	l'éclair (m)/la foudre
	lehklähr/fuhdr
diesig	brumeux
	brümö
Donner	le tonnerre
	tonnär
feucht	humide
	ümid
Frost	le gel/la gelée
	ğäl/ğäleh
Gewitter	l'orage (m)
	lorağ
Glatteis	le verglas
	wergla
Hagel	la grêle
	gräll
heiß	chaud
	scho
heiter	beau
	bo
Hitze	la chaleur
	schalör
kalt	froid
	froa
klar	clair
	klähr

Kaum ein Thema interessiert den Urlauber in seinem Gastland mehr als die Frage, wie das Wetter in den folgenden Tagen wird. Ausführliche Wetterberichte liefern fast alle Kanäle des französischen Fernsehens sowie die Tageszeitungen – diese zumeist recht ausführlich. Regionale Schwerpunkte setzen die Lokalblätter.

kühl	frais	
	frä	
nass	mouillé	
	muijeh	
Nebel	le brouillard	
	brujard	
Niederschläge	les précipitations (f)	
	prehßipitaßjon(g)	

Einige Begriffe, die Ihnen helfen sollen, den Wetterbericht besser verstehen zu können:

Ebbe	la marée basse	*mareh baß*
Flut	la marée haute	*mareh oht*
Grad	le degré	*dögreh*
Himmel	le ciel	*ßjel*
Hoch	l'anticyclone (m)	*ah(n)tißiklon*
Klima	le climat	*klima*
Temperatur	la température	*tah(m)pehratür*
Tief	la dépression	*dehpreßjon(g)*
Wetterbericht	la météo	*mehteo*
Windrichtung	la direction du vent	*direkßjon(g) dü wah(n)*

Nieselregen	le crachin	
	kraschäh(n)	
Regen	la pluie	
	plüj	
Regenschauer	l'averse (f)	
	lawerß	
regnerisch	pluvieux	
	plüwjö	
Schnee	la neige	
	näg	
Schneefall	la chute de neige	
	schüt dö näg	
schwül	lourd	
	luhr	
Sonne	le soleil	
	ßolej	
sonnig	ensoleillé	
	ah(n)ßolejeh	
Sturm	la tempête	
	tah(m)pätt	

	stürmisch	orageux
		oraǧö
	Tauwetter	**le dégel**
		dehǧäl
	trocken	sec
		ßäk
	warm	chaud
		scho
	wechselhaft	variable
		vari<u>a</u>bl
	Wind	**le vent**
		wah(n)
	windig	venteux
		wah(n)<u>tö</u>
	Wolke	**le nuage**
		nüa<u>ǧ</u>
	wolkig	nuageux
		nüa<u>ǧö</u>

| *Wendungen* | **Die wichtigsten Redewendungen** |

Wie wird das Wetter heute?
Quel temps va-t-il faire aujourd'hui?
Kel tah(m) wa<u>til</u> fähr ohǧurd<u>üi</u>

Es bleibt schön.
Le beau temps va rester.
Lö bo tah(m) wa res<u>teh</u>

Es sieht nach Regen aus.
On dirait qu'il va pleuvoir.
On(g) dir<u>ä</u> kil wa plöwo<u>ahr</u>

Wie viel Grad haben wir?
Il fait combien de degrés?
Il fä ko(m)<u>bjäh(n)</u> dö dö<u>greh</u>

Es sind 25 Grad.
Il fait 25 degrés.
Il fä wäh(n)<u>ßäh(n)</u>k dö<u>greh</u>

Geld wechseln

Die wichtigsten Begriffe

> Begriffe

abheben	retirer *rötireh*	
Bank	la banque *bah(n)k*	**Bankkonto** **le compte bancaire** *koh(m)t bah(n)kähr*
bar	en espèces *ahnespäß*	
Bargeld	l'argent liquide (m) *larğan(g) likihd*	**Bankleitzahl** **le code établissement** *kohd ehtablisseman(g)*
Betrag	le montant/la somme *moh(n)tah(n)/ßomm*	
einzahlen	verser *werßeh*	
Euroscheck	l'eurochèque (m) *löroschäck*	
Gebühr	les frais (m) *frä*	
Geld	l'argent (m) *larğan(g)*	**D-Mark** **le Deutsche Mark** *döhtschmark*
Geldautomat	le distributeur de billets *distribütör dö bijeh*	
Geldschein	le billet *bijeh*	**Schilling** **le schilling** *schilling*
Kartennummer	le numéro de la carte *nümehro dö la kart*	
Kleingeld	la monnaie *monnä*	**Schweizer Franken** **le franc suisse** *frah(ng) ßüiß*
Kreditkarte	la carte de crédit *kart dö krehdi*	
Münze	la pièce *pjäß*	
Reisescheck	le traveller's chèque *träwlöhrschäck*	
Schalter	le guichet *gischäh*	
Scheck	le chèque *schäck*	

Scheckkarte	**la carte de chèques**	
	kart dö schäck	
Schein	**le billet**	
	bijeh	
überweisen	**virer**	
	wireh	
Unterschrift	**la signature**	
	ßinjatühr	
Währung	**la monnaie**	
	monnä	
Wechselkurs	**le taux d'échange**	
	to dehschah(n)ğ	
wechseln	**changer**	
	schah(n)ğeh	
Wechselstube	**le bureau de change**	
	büro dö schah(n)ğ	
Zahlung	**le paiement**	
	päman(g)	

Am einfachsten können Sie mit der Euroscheckkarte Geld an den zahlreichen Geldautomaten umtauschen, sofern diese über ein EC-Symbol verfügen. Häufig können Sie sich die Anweisungen auch auf Deutsch anzeigen lassen. Die Abhebung per Automat funktioniert wie in Deutschland durch die Eingabe der Geheim-nummer. Wollen Sie eine Quittung haben, so müssen Sie die entsprechende Taste betätigen.
In nahezu allen Geschäften können Sie mit Kreditkarten bezahlen, die in Frankreich ein übliches und weit verbreitetes Zahlungsmittel sind. Hingegen werden nicht überall EC-Karten angenommen.
Die Banken sind im Allgemeinen werktags zwischen 9.30 Uhr und 12 Uhr sowie von 14 Uhr bis 16.30 Uhr geöffnet. In eher ländlichen Regionen haben die Kreditinstitute zumeist an einigen Tagen der Woche geschlossen.

Wendungen Die wichtigsten Redewendungen

Wo ist die nächste Bank?
Où est la banque la plus proche?
U ä la bah(n)k la plü prosch

Wann öffnet/schließt die Bank?
A quelle heure ouvre/ferme la banque?
A kel öhr uhwr/ferm la bah(n)k

Ich möchte 200 D-Mark wechseln.
Je voudrais changer 200 marks.
ğö wu<u>drä</u> schah(n)<u>ğeh</u> dö<u>ßah(n)</u> mark

Wie liegt der Wechselkurs heute?
Quel est le taux du change d'aujourd'hui?
Kel ä lö to dü <u>schah(n)</u>ğ dohğurd<u>üi</u>

Tauschen Sie auch Reiseschecks?
Vous prenez aussi des traveller's chèques?
Wuh prö<u>neh</u> oh<u>ßi</u> deh träwlöhr<u>schäck</u>

Was ist der Höchstbetrag für einen Euroscheck?
Quelle est le montant maximum pour un eurochèque?
Kel ä lö moh(n)<u>tah(n)</u> maxi<u>möm</u> puhr ön(g) öhro<u>schäck</u>

Wie hoch sind die Gebühren?
À combien s'élèvent les frais?
A ko(m)<u>bjäh(n)</u> ßeh<u>läw</u> leh frä

Gibt es einen Geldautomaten in der Nähe?
Est-ce qu'il y a un distributeur près d'ici?
Eskil<u>ja</u> ön(g) distribü<u>tör</u> prä di<u>ßi</u>

Beim Geldwechseln in einer Bank können Sie mit folgenden Fragen, Bitten und Äußerungen konfrontiert werden:

▶ Ihren Pass/Personalausweis, bitte.
  Votre passeport/carte d'identité, s'il vous plaît.
  Wotr paß<u>pohr</u>/kart didah(n)ti<u>teh</u>, ßil wuh plä
▶ Sie müssen hier unterschreiben.
  Il faut signer ici.
  Il foh ßin<u>jeh</u> i<u>ßi</u>
▶ Möchten Sie Ihr Geld in großen oder in kleinen Scheinen?
  Voulez-vous des coupures ou des grands billets?
  Wuleh-<u>wuh</u> deh kup<u>ühr</u> u deh grah(n) bi<u>jeh</u>
▶ Bitte gehen Sie zu Kasse.
  Passez à la caisse, s'il vous plaît.
  Pa<u>ßeh</u> a la käss, ßil wuh plä
▶ Ihre Euroscheck-Karte, bitte.
  Votre carte eurochèque, s'il vous plaît.
  Wotr kart öhro<u>schäck</u>, ßil wuh plä

Telefon und Brief

In Frankreich hat die Telefonkarte längst ihren Siegeszug angetreten; Kartentelefone haben die Münzfernsprecher weitgehend verbannt. Die Plastikkarten (**télécartes**) kauft man am einfachsten in Schreibwaren- und Tabakläden, die am Schriftzug **tabac** oder **bar-tabac** zu erkennen sind. Die Karten gibt es – je nach gespeicherten Einheiten – zu unterschiedlichen Preisen. Wer während seines Urlaubs einen längeren Anruf nach Deutschland plant, sollte besser gleich zwei Telefonkarten bei sich haben.

Die wichtigsten Begriffe

Begriffe

Telefon

Anruf	le coup de téléphone/ l'appel (m)
	ku dö tehleh<u>fonn</u>/la<u>pell</u>
Auskunft	le renseignement
	rah(n)ßänjö<u>man(g)</u>
Auslands- gespräch	l'appel (m) à l'étranger
	la<u>pell</u> a lehtrah(n)<u>ǧeh</u>
besetzt	occupé
	okü<u>peh</u>
Ferngespräch	la communication inter- urbaine
	kommünika<u>ßjon(g)</u> äh(n)ter- ür<u>bänn</u>
Gebühreneinheit	l'unité (f)
	lün<u>iteh</u>
Kartentelefon	le téléphone à carte
	tehleh<u>fonn</u> a kart
Münztelefon	le téléphone à pièces
	tehleh<u>fonn</u> a pjäß
Ortsgespräch	l'appel local (m)
	la<u>pell</u> lokal
Telefon	le téléphone
	tehleh<u>fonn</u>
Telefonbuch	l'annuaire (m)
	lanü<u>ähr</u>
telefonieren	téléphoner
	tehlehfo<u>neh</u>
Telefonkarte	la télécarte
	tehleh<u>kart</u>

Telefonzelle	la cabine téléphonique *kabihn tehlehfonik*	
verbinden	passer *paßeh*	
Verbindung	la communication/la ligne *kommünikaßjon(g)/linje*	
Vorwahlnummer	l'indicatif (m) *läh(n)dikatif*	
wählen	faire le numéro *fähr lö nümehro*	
Absender	l'expéditeur (m) *lexpeditör*	**Brief**
Adresse	l'adresse (f) *ladreß*	
Brief	la lettre *lettr*	
Briefkasten	la boîte aux lettres *boatt oh lettr*	
Briefmarke	le timbre *täh(m)br*	
Empfänger	le destinataire *destinatähr*	
frankieren	affranchir *afrah(n)schihr*	
per Luftpost	par avion *par awjon(g)*	
Päckchen	le paquet *pakeh*	
Paket	le colis *koli*	
Porto	le port *pohr*	
Postamt	la poste *post*	
Postkarte	la carte postale *kart postal*	
Postleitzahl	le code postal *kohd postal*	
Telegramm	le télégramme *tehlehgramm*	

| **Wendungen** | **Die wichtigsten Redewendungen** |

Telefon

Wo ist die nächste Telefonzelle?
Où est la cabine téléphonique la plus proche?
U ä la ka__bihn__ tehlehfo__nik__ la plü prosch

Wo kann ich eine Telefonkarte kaufen?
Où est-ce que je peux acheter une télécarte?
U eskö ĝö pö asch__teh__ ühn tehleh__kart__

Haben Sie ein Telefon?
Avez-vous un téléphone?
Aweh-__wuh__ ön(g) tehleh__fonn__

Wie ist die Nummer des Bahnhofs?
Quel est le numéro de la gare?
Kel ä lö nümeh__ro__ dö la gahr

Hallo, mit wem spreche ich?
Allô, qui est à l'appareil?
Al__lo__, ki ä a lapa__rej__

Tut mir leid, er/sie ist nicht da.
Je suis désolé(e), il/elle n'est pas là.
ĝö ßüi deh__sol__eh, il/el nä pa la

Ich möchte bitte Herrn/Frau ... sprechen.
Je voudrais parler à Monsieur/Madame ...
ĝö wud__rä__ par__leh__ a Mößjöh/Ma__dam__

Es meldet sich niemand.
Ça ne répond pas.
ßa nö reh__poh(n)__ pa

Wann kann ich ihn/sie erreichen?
Quand est-ce que je pourrai le/la joindre?
Kah(n)teskö ĝö pu__reh__ lö/la ĝoäh(n)dr

Es ist besetzt.
C'est occupé.
ßätoküp__eh__

Würden Sie ihn/sie bitten zurückzurufen?
Pourriez-vous lui dire de me rappeller?
Purjeh-__wuh__ lü__i__ dihr dö mö rap__leh__

Ich rufe später/morgen noch einmal an.
Je vais rappeller plus tard/demain.
ĝö wä rap__leh__ plü tahr/dö__mäh(n)__

Sie haben sich verwählt.
Vous vous êtes trompé de numéro.
Wuh wuhsät trohmp__eh__ dö nümeh__ro__

Ich glaube, die Verbindung ist gestört.
Je crois qu'il y a des fritures.
ĝö kro__a__ kil__ja__ deh fri__tühr__

24

Post

Wo ist das nächste Postamt?
Où est la poste la plus proche?
U ä la post la plü prosch

Wo finde ich einen Briefkasten?
Où est-ce que je trouve une boîte aux lettres?
U eskö ĝö truhw ühn bo_att_ oh lettr

Was kostet ein Brief nach ...?
Combien coûte une lettre pour ...?
Ko(m)_bjäh(n)_ kutt ühn lettr puhr

Deutschland	**l'Allemagne (f)**
	*lall_manje_*
Österreich	**l'Autriche (f)**
	*loh_trisch_*
Schweiz	**la Suisse**
	ßüiß

Wie lange braucht eine Postkarte nach Köln?
Combien de temps met une carte postale pour Cologne?
*Ko(m)_bjäh(n)_ dö tah(m) mätühn kart pos_tal_ puhr Ko_lonje_*

Ich möchte diesen Brief per Luftpost verschicken.
Je voudrais envoyer cette lettre par avion.
*ĝö wu_drä_ ah(n)woa_jeh_ ßet lettr par a_wjon(g)_*

Wie hoch ist das Porto?
Combien il faut mettre?
Ko(m)_bjäh(n)_ il foh mettr

Bitte drei Briefmarken zu fünf Francs.
Trois timbres à cinq francs, s'il vous plaît.
Tro_a_ täh(m)br a ßäh(n)k frah(ng), ßil wuh plä

Haben Sie Sondermarken?
Avez-vous des timbres de collection?
*Aweh-_wuh_ deh täh(m)br dö kollek_ßjon(g)_*

Wer einen Brief oder eine Ansichtskarte in die Heimat schicken möchte, braucht nicht unbedingt ein Postamt aufzusuchen. Briefmarken gibt es in der Regel auch in Schreibwarengeschäften und Souvenirläden – vor allem, wenn dort auch Postkarten verkauft werden. Briefkästen sind auch in jedem kleineren Ort zu finden. Man sollte allerdings den Hinweis auf die Leerungszeiten beachten: In ländlichen Regionen wird die Post nicht unbedingt täglich abgeholt.

Gespräche

| Wendungen | Die wichtigsten Redewendungen |

Persönliche Angaben

Wie heißt du/Wie heißen Sie?
Tu t'appelles/Vous vous appelez comment?
Tü tapell/Wuh wuhsapleh komah(n)

Ich heiße ...
Je m'appelle ...
ǧö mapell

Zwischenmenschliche Kontakte sind in Frankreich viel formeller als in Deutschland. Bestes Beispiel ist die Anrede – das Sie ist häufig auch unter langjährig Bekannten üblich. In konservativen Kreisen siezen die Kinder in den Familien sogar ihre Eltern. Häufiger als bei uns wird der Vorname in Verbindung mit dem Sie benutzt. Der Familienname spielt bei der Anrede – anders als in Deutschland – hingegen keine Rolle; ein schlichtes **Monsieur** oder **Madame** genügt. Weit ungezwungener geht es unter Jugendlichen und guten Freunden zu: Statt des Händeschüttelns begrüßt man sich durch Küsschen auf die Wangen.

Woher kommst du/kommen Sie?
Tu viens/Vous venez d'où?
Tü wjäh(n)/Wuh wöneh du

aus Deutschland
d'Allemagne
dallmanje

Ich komme ...
Je viens ...
ǧö wjäh(n)

aus Österreich
d'Autriche
dohtrisch

Wie alt bist du/sind Sie?
Tu as/Vous avez quel age?
Tü a/Wuhsaweh kel aǧ

aus der Schweiz
de la Suisse
dö la ßüiß

Ich bin 20 Jahre alt.
J'ai 20 ans.
ǧeh wäh(n)tah(n)

Hast du/Haben Sie Geschwister?
Est-ce que tu as/vous avez des frères et sœurs?
Eskö tü a/wuhsaweh deh frähr eh ßöhr

Die häufigste Begrüßungsformel in Frankreich lautet **Bonjour** (Guten Tag; *Bon(g) ǧuhr*). Dabei ist es unerheblich, ob man seinem Gegenüber einen guten Morgen, einen guten Tag oder auch einen guten Abend wünschen möchte. Abends steht darüber hinaus das **Bonsoir** (*Bon(g) Boahr*) zur Verfügung. Wenn es – beispielsweise unter Freunden – weniger förmlich zugeht, reicht ein Salut (*Balü*) zur Begrüßung aus.

Auch bei der Verabschiedung kann gleich auf eine ganze Reihe von verschiedenen Redewendungen zurückgegriffen werden. Unter Freunden ist dabei das **Salut** (*Balü*), das auch zur Begrüßung verwendet wird, am weitesten verbreitet; es entspricht etwa dem deutschen Tschüss. Die gebräuchlichste förmliche Verabschiedung lautet **Au revoir** (Auf Wiedersehen; *Oh röwoahr*). Darüber hinaus könnten Sie auch die folgenden Abschiedsformeln verwenden:

Alles Gute/ Viel Glück	**Bonne chance**	*Bonn schah(n)ß*
Bis bald	**A bientôt**	*A bjäh(n)to*
Bis morgen	**A demain**	*A dömäh(n)*
Bis später	**A toute à l'heure**	*A tutalöhr*
Bis zum nächsten Mal	**A la prochaine (fois)**	*A la proschänn (foa)*
Gute Nacht	**Bonne nuit**	*Bonn nüi*
Gute Reise	**Bon voyage**	*Bon(g) woajaǧ*
Viel Spaß noch	**Amusez-vous bien**	*Amüseh-wuh bjäh(n)*

Zwischenmenschliches

Ich habe einen Bruder und zwei Schwestern.
J'ai un frère et deux sœurs.
ǧeh ön(g) frähr eh dö ßöhr

Was machen Sie beruflich?
Qu'est-ce que vous faites dans la vie?
Keskö wuh fätt dah(n) la wi

Ich bin Lehrer.
Je suis professeur.
ǧö ßüi professör

Machst du/Machen Sie Urlaub hier?   **Zum Urlaub**
Tu es/Vous êtes en vacances ici?
Tü ä an(g)/Wuhsätan(g) wakah(n)ß ißi

Wie lange bist du/sind Sie schon hier?
Depuis quand tu es/vous êtes ici?
Döpüi kah(n) tü ä/wuhsät ißi

Seit ... Tagen/Wochen.
Depuis ... jours/semaines.
Döpü<u>i</u> ... ğuhr/Bömänn

Sind Sie/Bist du zum ersten Mal hier?
C'est la première fois que tu es/vous êtes ici?
Bä la prömj<u>äh</u>r fo<u>a</u> kö tü ä/wuhs<u>ät</u> iß<u>i</u>

Nein, ich bin schon zum ... Mal in Frankreich.
Non, c'est la ... fois que je suis en France.
Non(g), Bä la ... fo<u>a</u> kö ğö Büisan(g) Frah(n)ß

Bist du/Sind Sie allein hier?
Tu es/Vous êtes seul ici?
Tü <u>ä</u>/Wuhs<u>ät</u> Böl iß<u>i</u>

Ich bin mit meinen Freunden hier.
Je suis ici avec mes amis.
ğö Büisiß<u>i</u> a<u>weck</u> mehsa<u>mi</u>

Wenn Sie Ihrer neuen französischen Bekanntschaft etwas über Ihren Alltag und Ihr Familienleben erzählen möchten oder sogar mit einem Großteil Ihrer Familie im Urlaub unterwegs sind, können Sie die folgenden Bezeichnungen der wichtigsten Verwandten gut gebrauchen:

Bruder	le frère	frähr
Ehemann	le mari	ma<u>ri</u>
Ehefrau	la femme	famm
Eltern	les parents	pa<u>rah(n)</u>
Großmutter	la grand-mère	grah(n)-<u>mähr</u>
Großvater	le grand-père	grah(n)-<u>pähr</u>
Mutter	la mère	mähr
Onkel	l'oncle	oh(n)kl
Partner	le partenaire	partön<u>ähr</u>
Schwager	le beau-frère	bo-<u>frähr</u>
Schwägerin	la belle-sœur	bel-<u>Böhr</u>
Schwester	la sœur	Böhr
Schwiegereltern	les beaux-parents (m)	bo-pa<u>rah(n)</u>
Schwiegermutter	la belle-mère	bel-<u>mähr</u>
Schwiegervater	le beau-père	bo-<u>pähr</u>
Sohn	le fils	fiß
Tante	la tante	tah(n)t
Tochter	la fille	fij
Vater	le père	pähr
Verlobte(r)	le (la) fiancé(e)	fiah(n)ß<u>eh</u>

Wie lange bleibst du/bleiben Sie noch hier?
Combien de temps tu restes/vous restez encore ici?
Ko(m)bjäh(n) dö tah(m) tü rest/wuh resteh an(g)kohr ißi

Gefällt es dir/Ihnen hier?
Ça te/vous plaît ici?
ßa tö/wuh plä ißi

Waren Sie schon einmal in Deutschland?
Est-ce que vous avez déjà été en Allemagne?
Eskö wuhsaweh dehga ehteh ahnallmanje

Können Sie mir bitte helfen?
Pourriez-vous m'aider, s'il vous plaît?
Purjeh-wuh mädeh, ßil wuh plä

Verständigung

Sprichst du/Sprechen Sie Deutsch?
Est-ce que tu parles/vous parlez allemand?
Eskö tü parl/wuh parleh allman(g)

Ich spreche nur wenig Französisch.
Je parle seulement un petit peu de français.
ğö parl ßölmon(g) ön(g) pöti pö dö frah(n)ßä

Könnten Sie etwas langsamer sprechen?
Pourriez-vous parler plus lentement?
Purjeh-wuh parleh plü lah(n)töman(g)

Ich habe Sie nicht verstanden.
Je ne vous ai pas compris.
ğö nö wuhseh pa koh(m)pri

Verstehen Sie mich?
Vous me comprenez?
Wuh mö koh(m)pröneh

Könnten Sie das noch einmal sagen?
Pouriez-vous répéter (ça), s'il vous plaît?
Purjeh-wuh rehpehteh (ßa), ßil wuh plä

Hin und wieder werden Sie in Alltagsgesprächen vor der Situation stehen, Ihre Meinung oder Ihre Gefühle über etwas ausdrücken zu wollen. Daher hier einige Formulierungen, mit denen Sie Zustimmung, Ablehnung oder Bedauern verdeutlichen:

▶ Es war/ist sehr schön.
C'était/C'est très agréable.
Beht__ä__/ßä träsagr__eabl__

▶ Es gefällt mir.
Ça me plaît.
Ba mö plä

▶ Ich bin zufrieden.
Je suis content(e).
ğö ßüi koh(n)t__ah(n)__/koh(n)t__ah(n)__t

▶ Sehr gerne.
Avec plaisir.
A__weck__ pläs__ihr__

▶ Es ist mir egal.
Ça m'est égal.
Ba mätehg__all__

▶ Wie du möchtest/Sie möchten.
Comme tu veux/vous voulez.
Komm tü wö/wuh wuhl__eh__

▶ Ich weiß noch nicht.
Je ne sais pas encore.
ğö nö ßä pasan(g)k__ohr__

▶ Es ist nicht schlimm.
Ce n'est pas grave.
ßö nä pa grahw

▶ Das gefällt mir nicht.
Ça ne me plaît pas.
Ba nö mö plä pa

▶ Das möchte ich nicht.
Ça, je ne veux pas.
Ba, ğö nö wö pa

▶ Das geht leider nicht.
Malheureusement, ça ne va pas.
Malörös__man(g)__, ßa nö wa pa

▶ Niemals!/Auf keinen Fall!
Jamais!/En aucun cas!
ğam__ä__/Ahnok__äh(n)__ ka

▶ Damit bin ich nicht einverstanden.
Je ne suis pas d'accord (avec ça).
ğö nö ßüi pa dak__ohr__ (a__weck__ ça)

Was heißt das auf Französisch?
Comment ça se dit en français?
Ko<u>mah(n)</u> ßa ßö di an(g) frah(n)<u>ßä</u>

Können Sie es mir bitte aufschreiben?
Pourriez-vous l'écrire, s'il vous plaît?
Purjeh-<u>wuh</u> leh<u>krihr</u>, ßil wuh plä

Können Sie es bitte übersetzen?
Pourriez-vous traduire, s'il vous plaît.
Purjeh-<u>wuh</u> tradü<u>ihr</u>, ßil wuh plä

> Im Französischen gibt es mehrere Höflichkeitsfloskeln, um »bitte« zu sagen:
> – die übliche Form: **s'il vous plaît** (*ßil wuh plä*).
> – als Antwort auf einen Dank: **Pas de quoi** (*Pa dö ko<u>a</u>*).
> – als Antwort auf eine Entschuldigung: **Je vous en prie** (*ğö wuhsahn(g) pri*).
> – wenn man jemandem etwas überreicht: **Voilà** (*woa<u>la</u>*).

Bedanken

Vielen Dank.
Merci beaucoup.
Mer<u>ßi</u> bo<u>ku</u>

Vielen Dank für Ihre Hilfe.
Merci beaucoup pour votre aide.
Mer<u>ßi</u> bo<u>ku</u> puhr wotr ähd

Danke, das ist sehr nett von Ihnen.
Merci, c'est très gentil de votre part.
Mer<u>ßi</u>, ßä trä ğah(n)<u>ti</u> dö wotr pahr

Entschuldigen

Es tut mir leid.
Je suis désolé/désolée.
ğö ßüi dehso<u>leh</u>

Das macht nichts.
Ça ne fait rien.
ßa nö fä ri<u>äh(n)</u>

Das war ein Missverständnis.
C'était un malentendu.
ßeh<u>tä</u> ön(g) malah(n)tah(n)<u>dü</u>

| *Dialog* | **Am Tisch** |

Dürfen wir uns an Ihren Tisch setzen?
Nous pouvons nous asseoir à votre table?
Nuh puwon(g) nuhsassoahr a wotr tabl

Ja, bitte setzen Sie sich.
Oui, bien sûr. Asseyez-vous.
Ui, bjäh(n) Bür. Assejeh-wuh

Sind Sie schon länger hier?
Ça fait longtemps que vous êtes ici?
Ba fä lo(ng)tah(m) kö wuhsät ißi

Meine Frau und ich sind seit zwei Tagen hier.
Ma femme et moi, on est ici depuis deux jours.
Ma famm eh moa, onä ißi döpüj dö ğuhr

Wir sind heute angekommen.
Nous, on est arrivés aujourd'hui.
Nuh, onätariweh ohğurdüi

Sind Sie das erste Mal hier?
C'est la première fois que vous veniez ici?
Bä la prömjähr foa kö wuh wönjeh ißi

Wir kommen seit fünf Jahren. Die Kinder wollen nirgendwo anders hin.
On vient ici depuis cinq ans. Les enfants ne veulent pas aller ailleurs.
On(g) wjäh(n) ißi döpüj Bänkah(n). Lehsah(n)fah(n) nö wöll pa alleh aijöhr

Unsere Kinder sind in ein Ferienlager gefahren.
Nos enfants sont partis en colonie de vacances.
Nohsah(n)fah(n) Bon(g) parti an(g) koloni dö wakah(n)ß

Das werden unsere im Herbst machen.
Les nôtres vont y aller en automne.
Leh nohtr won(g) i alleh an(g) ohtonn

Verabreden und Flirten

Die wichtigsten Redewendungen

Wendungen

Verabreden

Hast du/Haben Sie morgen schon etwas vor?
Tu as/Vous avez déjà des projets pour demain?
Tü a/Wuhsaweh dehga deh proğäh puhr dömäh(n)

Treffen wir uns heute Abend/morgen?
Si on se voyait ce soir/demain?
Bi on(g) ßö woajä ßö ßoahr/dömäh(n)

Es geht leider nicht.
Malheureusement, ce n'est pas possible.
Malörösman(g), ßö nä pa possibl

Ich möchte Sie/dich zum Abendessen einladen.
Je voudrais t'inviter à dîner.
ğö wudrä täh(n)witeh a dineh

Ich habe schon etwas vor.
J'ai déjà prévu autre chose.
ğeh dehğa prehwü ohtr schohs

Sollen wir tanzen gehen?
On va aller danser?
On(g) wa alleh dah(n)ßeh

Wann/Wo treffen wir uns?
Quand/Où est-ce qu'on se donne rendez-vous?
Kah(n)/U eskon(g) ßö donn rah(n)deh-wuh

Wir treffen uns um ... Uhr.
On va se rencontrer à ... heures.
On(g) wa ßö rah(n)koh(n)treh a ... öhr

Ich hole dich/Sie ab.
Je passerai te/vous prendre.
ğö passereh tö/wuh prah(n)dr

Ich möchte gerne gehen.
Je voudrais partir.
ğö wudrä partihr

Darf ich dich/Sie nach Hause bringen?
Je peux te/vous raccompagner?
ğö pö tö/wuh rakoh(m)panjeh

Zwischenmenschliches

33

Können wir uns wiedersehen?
On va se revoir?
On(g) wa ßö röwoahr

Zuneigung

Ich mag dich sehr gerne.
Je t'aime vraiment bien.
ğö täm wräman(g) bjäh(n)

Hast du/Haben Sie einen Freund/eine Freundin?
Tu as/Vous avez un copain/une copine?
Tü a/Wuhsaweh ön(g) kopäh(n)/ühn kopin

Bist du/Sind Sie verheiratet?
Tu es/Vous êtes marié(e)?
Tü ä/Wuhsät marijeh

Ich habe mich schon den ganzen Tag auf unser Treffen gefreut.
Depuis ce matin, je ne cesse de penser à notre rendez-vous.
Döpüi ßö matäh(n), ğö nö ßess dö pah(n)ßeh a notr rah(n)deh-wuh

Ich habe mich in dich verliebt.
Je suis tombé(e) amoureux/amoureuse de toi.
ğö ßüi toh(m)beh amurö/amurös dö toa

Wie bei allen Flirts müssen Sie damit rechnen, abgewiesen zu werden:

▶ **Je n'ai pas envie de coucher avec toi.**
Ich habe keine Lust, mit dir zu schlafen.
ğö neh pasah(n)wi dö kuscheh aweck toa

▶ **Je ne veux pas.**
Ich will nicht.
ğö nö wö pa

▶ **Vas-t-en maintenant, je t'en prie!**
Bitte geh jetzt!
Watah(n) mäh(n)tönah(n), ğö ton(g) pri

▶ **Tire-toi!/Casse-toi!**
Hau ab!/Verschwinde!
Tihr-toa/Kass-toa

▶ **Je ne veux plus jamais te revoir.**
Ich möchte dich nie mehr wiedersehen.
ğö nö wö plü ğamä tö röwoahr

Ich möchte mit dir schlafen.
J'aimerais coucher avec toi.
ğämö<u>rä</u> ku<u>sch</u>eh a<u>weck</u> to<u>a</u>

Eine nette Bekanntschaft

Dialog

Jetzt sehen wir uns heute schon zum dritten Mal. Wenn das kein gutes Omen ist ...
C'est la troisième fois qu'on se croise aujourd'hui. Si ça ce n'est pas un bon signe ...
Bä la troas<u>jämm</u> fo<u>a</u> kon(g) Bö kroas ohğurd<u>üi</u>. Bi Ba Bö nä pasön(g) bon(g) <u>B</u>in<u>je</u>

Wir könnten es überprüfen und uns heute Abend zum Essen treffen.
On pourrait le vérifier et se voir ce soir pour dîner ensemble.
On(g) purrä lö wehrif<u>jeh</u> eh Bö wo<u>ahr</u> Bö Bo<u>ahr</u> puhr din<u>eh</u> ah(n)<u>B</u>ah(m)bl

Gerne. Wo treffen wir uns?
Volontiers. Où est-ce qu'on se retrouve?
Wolont<u>jeh</u>. U eskon(g) Bö röt<u>ruhw</u>

Wenn du mir deine Adresse verrätst, hole ich dich um acht Uhr ab.
Si tu me dis ton adresse, je viendrai te chercher à huit heures.
Bi tü mö di tona<u>dress</u>, ğö wjän<u>dreh</u> tö scher<u>sch</u>eh a üit<u>öhr</u>

Gern, aber bitte sei pünktlich.
Je veux bien. Mais sois à l'heure.
ğö wö bjäh(n). Mä Bo<u>a</u> a löhr

Geschäftliches

| Begriffe | Die wichtigsten Begriffe |

	Abmachung	l'accord (m) *lakkohr*
	bearbeiten	étudier/travailler *ehtüdjeh/trawajeh*
	Bestellung	la commande *kommah(n)d*
	Einkaufspreis	le prix d'achat *pri dascha*
	Fälligkeit	l'échéance (f) *lehscheah(n)ß*
	Filiale	la succursale *ßükürßal*

Geschäftliche Gespräche verlaufen in Frankreich im Allgemeinen lockerer als in Deutschland. Dennoch wird auf einige Dinge besonderer Wert gelegt, insbesondere auf Höflichkeit und gute Kleidung: Anzug und Krawatte sind für den Geschäftsmann ein Muss. Über alles andere – seien es nur gering ausgeprägte Sprachkenntnisse oder die Unvertrautheit mit einheimischen Gepflogenheiten – sehen die Gastgeber zumeist großzügig hinweg.

	Fracht	le fret/le chargement *frä/scharğman(g)*
	Frachtbrief	la lettre de chargement *lettr dö scharğman(g)*
	Frachtkosten	les frais (m) de transport *frä dö trah(n)ßpohr*
	Garantie	la garantie *garah(n)ti*
	Gerichtsstand	le lieu de juridiction *ljö dö ğüridikßjon(g)*
	Größe	la grandeur/la taille *grah(n)dör/taj*
	Handel	le commerce *kommerß*
	Handelsspanne	la marge commerciale *marğ kommerßjal*

Wenn Sie jemanden telefonisch sprechen möchten, leiten Sie dies mit der Bitte **Je voudrais parler à …** (Kann ich mit … sprechen; *jö wudrä parleh a*) ein. Folgende Antworten der Telefonzentrale sind wahrscheinlich:

▶ **Ne quittez pas.**
Ich stelle Sie durch./Legen Sie nicht auf.
Nö kiteh pa
▶ **… est en ligne en ce moment.**
… telefoniert gerade.
ätan(g) linje an(g) ßö moman(g)
▶ **… n'est pas là aujourd'hui.**
… ist heute nicht im Haus.
nä pa la ohgurdüi

Herstellung	la production	*prodükßjon(g)*
Import	l'importation (f)	*läh(m)portaßjon(g)*
Kalkulation	le calcul	*kalkül*
Katalog	le catalogue	*katalog*
kaufen	acheter	*aschteh*
Konkurrenz	la concurrence	*koh(n)kürah(n)ß*
kostenlos	gratuit	*gratüi*
Kredit	le crédit	*krehdi*
Kunde	le client	*kliah(n)*
Lieferant	le fournisseur/le livreur	furnißör/liwrör
Lieferzeit	le délai de livraison	*dehlä dö liwräson(g)*
Lizenz	la licence	*lißah(n)ß*
Luftfracht	le fret aérien	*frä aehriäh(n)*
Mehrwertsteuer	la taxe à la valeur ajoutée (TVA)	*tax a la walör aguteh (TWA)*

Aktiengesellschaft
la société anonyme (SA)
ßoßjehteh anonim

GmbH
la société à responsabilité limitée (SARL)
ßoßjehteh a respoh(n)ßabiliteh limiteh

Zwischenmenschliches

Abteilungsleiter	**le chef de service**	*scheff dö ßerwiß*
Chef/Vorgesetzter	**le patron/le supérieur**	*pat<u>ron</u>(g)/ßüpehri<u>jör</u>*
Geschäftsführer	**le gérant (d'affaires)**	*ǧeh<u>rah</u>(n) (daf<u>fähr</u>)*
Vorstand	**la direction**	*direk<u>ßjon(g)</u>*
Menge	la quantité	*kah(n)ti<u>teh</u>*
Messe	la foire	*fo<u>ahr</u>*
per Post	par courrier	*pahr kuri<u>jeh</u>*
Preisliste	la liste des prix	*list deh pri*
Prospekt	le prospectus	*prospek<u>tüß</u>*
Provision	la provision	*prowi<u>sjon(g)</u>*
Qualität	la qualité	*kali<u>teh</u>*
Rabatt	l'escompte (m)/le rabais	*les<u>koh(m)</u>t/ra<u>bä</u>*
Rechnung	la facture	*fak<u>tühr</u>*
Speditionsfirma	l'entreprise (f) de transport	*lah(n)tr<u>prihs</u> dö trah(n)ß<u>pohr</u>*
Steuer	la taxe/l'impôt (m)	*tax/läh(m)<u>po</u>*
stornieren	ristourner	*ristur<u>neh</u>*
Termin	la date	*daht*
Umsatz	le chiffre d'affaires	*schiffr daf<u>fähr</u>*
Umsatzsteuer	la taxe sur le chiffre d'affaires (TCA)	*tax ßür lö schiffr daf<u>fähr</u>*

Beim Empfang in einem Unternehmen wird man Sie, nachdem Sie Ihren Namen und Ihr Anliegen genannt haben, zu Ihrem Gesprächspartner bringen: **Venez bien avec moi, s'il vous plaît. Je vais vous conduire chez ...** Kommen Sie bitte mit mir. Ich bringe Sie zu ... *(Wö<u>neh</u> bjäh(n) a<u>weck</u> mo<u>a</u>. ßil wuh plä. ǧö wä wuh koh(n)<u>dühr</u> scheh).* Oder Sie werden gebeten zu warten: **Veuillez pa-tienter un instant, s'il vous plaît?** Würden Sie hier bitte einen Moment warten? *(Wöi<u>jeh</u> paßjah(n)<u>teh</u> önäh(n)<u>ßtah</u>, ßil wuh plä).* Besonders aufmerksame Empfangsdamen/-herren werden Ihnen sicherlich eine Tasse Kaffee anbieten: **Vous désirez un café?** Möchten Sie einen Kaffee? *(Wuh dehsi<u>reh</u> ön(g) ka<u>feh</u>).*

Umtausch	l'échange (m)
	leh*schah(n)ğ*
Verkäufer	le vendeur
	wah(n)dör
Verkaufspreis	le prix de vente
	pri dö wah(n)t
Versandkosten	les frais (m) d'expédition
	frä dexpehdißjon(g)
Versicherung	l'assurance (f)
	laßürah(n)ß
Vertrag	le contrat
	koh(n)tra
Vertrags- bedingung	la condition contractuelle *koh(n)dißjon(g) koh(n)traktüel*
Werbung	la publicité
	*pübli*ß*iteh*
Zinsen	les intérêts (m)
	äh(n)tehrä

Die wichtigsten Redewendungen

Wendungen

Ich möchte mit ... sprechen.
Je voudrais parler à ...
ğö wudrä parleh a

Kann ich eine Nachricht für ... hinterlassen?
Est-ce que je peux laisser un message pour ...?
Eskö ğö pö lässeh ön(g) messağ puhr

Könnten wir einen Termin vereinbaren?
On pourrait fixer un rendez-vous?
On(g) purä fixeh ön(g) rah(n)deh-wuh

Ich habe um ... Uhr einen Termin mit ...
A ... heures, j'ai rendez-vous avec ...
A ... öhr, ğeh rah(n)deh-wuh aweck

An wen kann ich mich wenden?
À qui puis-je m'adresser?
A ki püi-ğö madresseh

Der Geschäftstermin

Ich habe für zehn Uhr einen Termin mit Herrn Petit.
J'ai rendez-vous avec M. Petit à dix heures.
ğeh rah(n)deh-_wuh_ a_weck_ Mös_jöh_ Pö_ti_ a di_söhr_

Augenblick, ich sehe kurz nach.
Un moment, je vais voir.
Ön(g) mo_man(g)_, ğö wä wo_ahr_

Ich hatte das Gespräch gestern vereinbart.
J'ai fixé le rendez-vous hier.
ğeh fi_xeh_ lö rah(n)deh-_wuh_ i_jähr_

Ich informiere Herrn Petit, dass Sie da sind.
Je dirai à M. Petit que vous êtes là.
ğö di_rä_ a Mös_jöh_ Pö_ti_ kö wuh_sät_ la

Das ist sehr nett.
Merci, c'est très gentil.
Mer_ßi_, ßä trä ğah(n)_ti_

Würden Sie in der Zwischenzeit bitte dieses Anmeldeformular ausfüllen?
Entre-temps, vous pourriez remplir ce formulaire, s'il vous plaît?
Ah(n)tr-tah(m), wuh pur_jeh_ rah(m)_plihr_ ßö formü_lähr_, ßil wuh plä

Ja selbstverständlich.
Oui, bien sûr.
Ui, bjäh(n) ßür

Sie können dort drüben Platz nehmen. Herr Petit wird Sie gleich abholen.
Vous pouvez vous asseoir là-bas. M. Petit va venir vous chercher tout de suite.
Wuh pu_weh_ wuhsass_oahr_ la-_ba_. Mös_jöh_ Pö_ti_ wa wö_nihr_ wuh scher_scheh_ tuttßü_itt_

Kinder

Die wichtigsten Begriffe

Begriffe

Babynahrung	la nourriture pour bébés
	nuritühr puhr behbeh
Babysitter	le babysitter
	behbißitöhr
Fläschchen	le biberon
	bibroh(n)
Flaschenwärmer	le chauffe-biberon
	schof-bibroh(n)
Kinderarzt	le pédiatre
	pehdiatr
Kinderbett	le lit d'enfant
	li dah(n)fah(n)

In Frankreich ist die Kinderfreundlichkeit stärker ausgeprägt als bei uns, doch stehen Wickelräume in öffentlichen Einrichtungen nur vereinzelt zur Verfügung. Das öffentliche Stillen ist zwar nicht verpönt, gehört allerdings auch nicht zu den Selbstverständlichkeiten.

Zwischenmenschliches

Kinderermäßigung	la réduction pour enfants
	rehdükßjon(g) puhr ah(n)fah(n)
Kinderkrankenhaus	l'hôpital (m) pour enfants
	lohpital puhr ah(n)fah(n)
Kinderportion	la portion pour enfants
	porßjon(g) puhr ah(n)fah(n)
Kinderwagen	la voiture d'enfant
	woatühr dah(n)fah(n)
Plantschbecken	la pataugeoire
	patohğoahr
Schnuller	la sucette
	ßüßett
Schwimmflügel	les flotteurs (m)
	flottör
Schwimmreifen	la bouée
	bueh
Spielplatz	le terrain de jeu
	töräh(n) dö ğö

Spielzeug	**les jouets (m)**
	ǧuäh
wickeln	**emmailloter/langer**
	ah(ng)majo<u>teh</u>/lah(n)<u>ǧeh</u>
Windel	**la couche**
	kusch
Wickeltisch	**la table à langer**
	tabl a lah(n)<u>ǧeh</u>

Wenn Sie in Frankreich mit Ihrem Kleinkind unterwegs sind, kann es Ihnen passieren, dass Sie auf der Straße oft angesprochen werden: Die Einheimischen unterhalten sich häufig und gern über die Kleinen und zeigen dabei auch ihre Begeisterung für das Baby. Frauen mit Kinderwagen werden sich über mangelnde Hilfe nicht beklagen können.

Wendungen

Die wichtigsten Redewendungen

Haben Sie einen Wickelraum?
Avez-vous une salle à langer?
Aweh-<u>wuh</u> ühn ßall a lah(n)<u>ǧeh</u>

Wo kann ich mein Baby stillen?
Où est-ce que je peux allaiter mon bébé?
U eskö ǧö pö alä<u>teh</u> mon(g) beh<u>beh</u>

Können Sie mir das Fläschchen warm machen?
Pourriez-vous faire chauffer le biberon?
Purjeh-<u>wuh</u> fähr scho<u>feh</u> lö bib<u>roh(n)</u>

Haben Sie Babynahrung?
Avez-vous de la nourriture pour bébés?
Aweh-<u>wuh</u> dö la nuri<u>tühr</u> puhr beh<u>beh</u>

Haben Sie einen Kinderstuhl?
Est-ce qu'il y a une chaise d'enfant?
Eskil<u>ja</u> ühn schähs dah(n)<u>fah(n)</u>

Wir brauchen ein Kinderbett.
Nous avons besoin d'un lit d'enfant.
Nuhsa<u>won(g)</u> bösoäh(n) dön(g) li dah(n)<u>fah(n)</u>

Vermieten Sie Kindersitze für das Auto?
Est-ce que vous louez des sièges pour enfants?
Eskö wuh lueh deh ßjäg puhr ah(n)fah(n)

Gibt es Kinderermäßigung?
Est-ce qu'il y a une réduction pour enfants?
Eskilja ühn rehdükßjon(g) puhr ah(n)fah(n)

Gibt es Kinderportionen?
Est-ce vous faites des portions pour enfants?
Eske wuh fätt deh porßjon(g) puhr ah(n)fah(n)

Ist hier ein Kinderspielplatz in der Nähe?
Est-ce qu'il y a un terrain de jeu près d'ici?
Eskilja ön(g) töräh(n) dö ğö prä dißi

Wo ist das nächste Spielwarengeschäft?
Où est le magasin de jouets le plus proche?
U ä lö magasäh(n) dö ğuäh lö plü prosch

Wo ist der nächste Kinderarzt?
Où est le pédiatre le plus proche?
U ä lö pehdiatr lö plü prosch

Im Ausland wird Ihnen der Kinderarzt am besten helfen können, wenn Sie genau beschreiben, wo es Ihrem Kind wehtut.

Unser Baby hat	**Notre bébé a**	*Notr behbeh a*
eine Allergie	**une allergie**	*ühn allerği*
Ausschlag	**de l'eczéma**	*dölecksehma*
Blähungen	**des flatulences (f)**	*deh flatülah(n)ß*
Durchfall	**la diarrhée**	*la diareh*
sich erbrochen	**vomi**	*womi*
Grippe	**la grippe**	*la grip*
Halsschmerzen	**mal à la gorge**	*mal a la gorğ*
Husten	**la toux**	*la tu*
Kopfschmerzen	**mal à la tête**	*mal a la tätt*
Magenschmerzen	**mal à l'estomac**	*mal a lestomak*
Ohrenschmerzen	**mal aux oreilles**	*mal ohsorej*
Rückenschmerzen	**des douleurs dorsales**	*deh dulör dorsal*
Schmerzen	**des douleurs**	*dulör*
eine Schwellung	**une enflure**	*ühn ah(n)flühr*
eine Wunde	**une plaie**	*ühn plä*
Zahnschmerzen	**mal aux dents**	*mal oh dah(n)*

Kinderbekanntschaft

Gehört dieser Ball Ihrem Jungen?
Il est à votre fils, ce ballon?
Il äta wotr fiß, ßö ball<u>on(g)</u>

Ja, wir haben ihn schon vermisst. Vielen Dank.
**Oui, on s'était déjà demandé où il était.
Merci beaucoup.**
*Ui, on(g) ßeht<u>ä</u> deh<u>ga</u> dehmah(n)<u>deh</u> u il eht<u>ä</u>.
Mer<u>ßi</u> bo<u>ku</u>*

Haben Sie noch mehr Kinder?
Vous avez encore d'autres enfants?
Wuhsa<u>weh</u> an(g)<u>kohr</u> dohtr ah(n)<u>fah(n)</u>

Ja, noch ein Mädchen. Es ist gerade im Wasser.
Oui, une fille. Elle est en train de se baigner.
Ui, ühn fij. El ät<u>an(g)</u> träh(n) dö ßö bän<u>jeh</u>

Kein Wunder, dieser Strand ist der schönste in der Gegend. Es ist der einzige Sandstrand.
Ce n'est pas étonnant. Cette plage est la plus belle dans les environs. C'est la seule plage de sable.
ßö nä pasehton<u>nah(n)</u>. ßet plaĝ ä la plü bell dah(n) lehsah(n)wi<u>ron(g)</u>. ßä la ßöll plaĝ dö ßabl

Dann kommen wir auch morgen wieder hierher.
Si c'est comme ça, on va revenir ici demain.
ßi ßä komm ßa, on(g) wa röwö<u>nihr</u> iß<u>i</u> dö<u>mäh(n)</u>

Das ist schön. Dann können die Kinder miteinander spielen.
C'est une bonne idée. Les enfants pourront alors jouer ensemble.
ßätühn bonn i<u>deh</u>. Lehsah(n)<u>fah(n)</u> pur<u>ron(g)</u> a<u>lohr</u> ĝu<u>eh</u> ah(n)<u>ßah(m)bl</u>

Mit dem Flugzeug

Die wichtigsten Begriffe

> Begriffe

Abflug	le départ
	dehpahr
Ankunft	l'arrivée (f)
	larriweh
Bordkarte	la carte d'embarquement
	kart dommbarkömon(g)
einchecken	faire les formalités d'embarquement
	fähr leh formaliteh dommbarkömon(g)
Flugsteig	l'aire (f) d'embarquement
	lähr dommbarkömon(g)
Flugzeug	l'avion (m)
	lawjon(g)
Gepäck	les bagages (f)
	bagahg̃
(Nicht-)Raucher	(non-)fumeurs
	non(g) fümör
Reservierung, Buchung	la réservation
	reserwasjon(g)
Schalter	le guichet
	gischeh
Sicherheitsgurt	la ceinture
	ßäh(n)tür
Stewardess	l'hôtesse (f) de l'air
	loteß dö lär
Stornierung	l'annulation (f)
	lannülaßjon(g)
Umbuchung	la modification
	modifikaßjon(g)
Verspätung	le retard
	rötar
Zoll	la douane
	duahn
Zwischenlandung	l'escale (f)
	leskal

Ich möchte/brauche ...
Je voudrais/Il me faut
ğö wudrä/Il mö foh

Können Sie mir sagen ...
Pourriez-vous me dire
Purjeh-wuh mö dihr

Wo ist ...?
Où est/Où se trouve ...
U ä/U ßö truhw

Unterwegs

45

Denken Sie bei der Planung Ihres Urlaubsbudgets daran, dass auf französischen Flughäfen eine Flughafengebühr entrichtet werden muss. Wer sich kurzfristig für einen Flug entscheidet, sollte nach Sondertarifen für das Flugticket bzw. nach Stand-by-Flügen fragen. In der Hauptreise- und Urlaubszeit (Juli/August) sind diese verbilligten Angebote allerdings nur selten zu bekommen.

Flughafengebühr **la taxe d'aéroport** (*tax daehropohr*) • Economy Class **classe économie** (*klahß ekonomi*) • Business Class **classe affaires** (*klahß affähr*) • Sondertarife **tarifs spéciaux** (*tarif spehßjo*) **tarifs réduits** (*tarif rehdüi*) • Stand-by-Flüge **vols stand by** (*woll ßtändbei*)

Wendungen | Die wichtigsten Redewendungen

Wir möchten einen Flug Paris – Köln buchen.
Nous voudrions réserver un vol Paris – Cologne.
Nuh wudrion(g) rehserweh ön(g) woll Parie – Kolonje

Wann fliegt die nächste Maschine nach Köln?
A quelle heure part le prochain avion pour Cologne?
A kel öhr pahr lö proschäh(n) awjon(g) puhr Kolonje

Wie teuer ist das Ticket?
Combien coûte le billet?
Ko(m)bjä(n) kutt lö bijeh

Nichtraucherplatz
la place non-fumeur
plahß non(g)-fümör

Wir hätten gern Nichtraucherplätze.
Nous aimerions avoir des places non-fumeurs.
Nuhsämerion(g) awoahr deh plahß non(g)-fümör

Raucherplatz
la place fumeur
plahß fümör

Wir wollen unseren Flug bestätigen.
Nous voudrions confirmer notre vol.
Nuh wudrion(g) koh(n)firmeh notr woll

Platz am Gang
la place couloir
plahß kuloa

Hier ist mein Handgepäck.
Voilà mes bagages à main.
Woala meh bagahğ a mäh(n)

Platz am Fenster
la place fenêtre
plahß fönätr

Der Flug Paris – Köln hat Verspätung.
Le vol Paris – Cologne est en retard.
Lö woll Parie – Kolonje ät on(g) rötahr

Wo ist die Gepäckausgabe?
Où se trouve la remise des bagages?
U ßö truhw la rö<u>mihs</u> deh ba<u>gahğ</u>

Unser Gepäck ist abhanden gekommen.
Nos bagages sont perdues.
Noh ba<u>gahğ</u> ßon(g) per<u>dü</u>

Wir suchen den Informationsschalter.
Nous cherchons le guichet d'information.
Nuh scher<u>schon(g)</u> lö gi<u>scheh</u> däh(n)forma<u>sjon(g)</u>

Wo kann man ein Auto mieten?
Où est-ce qu'on peut louer une voiture?
U eßkon(g) pö lu<u>eh</u> ühn woa<u>tühr</u>

Können Sie uns ein Taxi rufen?
Pourriez-vous nous appeler un taxi?
Purjeh-<u>wuh</u> nuhsa<u>pleh</u> ön(g) ta<u>xi</u>

Wir möchten gern Geld wechseln.
Nous voudrions changer de l'argent.
Nuh wudri<u>on(g)</u> scha(ng)<u>ğeh</u> dö lar<u>ğon(g)</u>

Wo ist der Lufthansa-Schalter?
Où est le guichet de la Lufthansa?
U ä lö gi<u>scheh</u> dö la Lufthansa

Falls Sie sich bei Bedarf vor dem Beginn Ihrer Reise nicht mit Medikamenten gegen Flugübelkeit eingedeckt haben sollten, können Sie dies auf den Flughäfen in der Regel nachholen. Im Flugzeug kann Ihnen die Stewardess mit den entsprechenden Mitteln – oder aber einem doppelten Cognac – weiterhelfen:

▶ Mir ist übel. **Je me sens mal./J'ai mal au cœur.** *(ğö mö ßon(g) mall / ğeh mall o köhr)*
▶ Haben Sie ein Medikament gegen Luftkrankheit? **Avez-vous un remède contre le mal de l'air?** *(Aweh-<u>wuh</u> ön(g) rö<u>mäd</u> koh(n)tr lö mall dö lähr)*
▶ Ich habe Kopfschmerzen. **J'ai mal à la tête.** *ğeh mall a la tätt*
▶ Ich brauche ein Glas Wasser. **Il me faut un verre d'eau.** *Il mö foh ön(g) währ doh*
▶ Bitte einen Spuckbeutel. **Un sachet vomitoire, s'il vous plaît.** *(Ön(g) ßa<u>scheh</u> womi<u>toahr</u> ßil wuh plä)*

| **Dialog** | **Im Flugzeug** |

Guten Tag. Ihre Plätze sind gleich hier vorn.
Bonjour. Vos places sont juste ici.
Bon(g)ǎuhr. Woh plahß Bon(g) ǧüstißi

Haben Sie auch Mittel gegen Übelkeit an Bord?
Vous avez quelque chose contre le mal de l'air à bord?
Wuhsa<u>weh</u> kel<u>schohs</u> koh(n)tr lö mal dö lähr a bor

Warum? Ist Ihnen nicht gut?
Pourquoi? Vous vous sentez mal?
Puhrko<u>a</u>? Wuh wuh ßahn<u>teh</u> mal

Ich habe Flugangst.
J'ai peur de voler.
ǧeh pöhr dö wo<u>leh</u>

Bitte sagen Sie mir, wenn Sie Hilfe brauchen.
Appelez-moi quand vous aurez besoin d'aide.
A<u>pleh</u>-mo<u>a</u> kah(n) wuhsoh<u>reh</u> bösoäh(n) dähd

Könnte ich vielleicht einen Cognac haben?
Pourrais-je peut-être avoir un cognac?
Purr<u>ä</u>-ǧö pö<u>tätr</u> awo<u>ahr</u> ön(g) kon<u>jak</u>

Selbstverständlich. Ich bringe ihn gleich.
Bien sûr. Je vous l'apporte tout de suite.
Bjäh(n) ßür. ǧö wuh laport tuttßü<u>itt</u>

Wie lange wird der Flug dauern?
Combien de temps le vol va-t-il durer?
Ko(m)<u>bjäh(n)</u> dö tah(m) lö woll wa<u>til</u> dü<u>reh</u>

In etwa zwei Stunden werden wir landen.
Nous atterrirons dans environ deux heures.
Nuhsatterrir<u>on(g)</u> dah(n)sah(n)wir<u>on(g)</u> dö<u>söhr</u>

Mit Bus und Bahn

Die wichtigsten Begriffe

> Begriffe

Abfahrt	**le départ** *dehpahr*
Abteil	**le compartiment** *kompartiman(g)*
Ankunft	**l'arrivée (f)** *larriweh*
Anschluss	**la correspondance** *korrespo(n)dah(n)ß*
Aufenthalt	**l'arrêt (m)** *larrä*
Autoreisezug	**le train autos-couchettes** *träh(n) ohto-kuschett*
Bahnhof	**la gare** *gahr*
Bahnsteig	**le quai** *kä*
Bus	**le bus/le car** *büs/kahr*
Busbahnhof	**la gare routière** *gahr rutjähr*
Eisenbahn	**le chemin de fer** *schömäh dö fähr*
Endstation	**le terminus** *terminüß*
Ermäßigung	**la réduction** *rehdükßjon(g)*
Fahrer	**le conducteur** *koh(n)düktör*
Fahrkarte	**le billet** *bijeh*
Fahrplan	**l'horaire (f)** *lorähr*
Gepäck	**les bagages (f)** *bagahġ*
Gepäckaufbewahrung	**la consigne** *koh(n)ßinje*

einsteigen	**monter** *moh(n)teh*
aussteigen	**descendre** *dehßahndr*
umsteigen	**changer de train/bus** *scho(ng)ġeh dö träh(n)/büs*

erster Klasse	**première classe** *prömjähr klahß*
zweiter Klasse	**deuxième classe** *dösjäm klahß*

Unterwegs

Gleis	la voie
	woa
Liegewagen	la voiture-couchettes
	woatühr-kuschett
Nichtraucher-abteil	le compartiment non-fumeurs
	kompartiman(g) non(g)-fümör
Reservierung	la réservation
	rehserwaßjon(g)
Richtung	la direction
	direkßjon(g)
Rückfahrkarte	le billet aller-retour
	bijeh alleh-rötuhr
Schlafwagen	le wagon-lit
	wagoh(n)-li
Speisewagen	le wagon-restaurant
	wagoh(n)-restorah(n)
U-Bahn-Station	la station de métro
	ßtaßjoh(n) dö metro
Verspätung	le retard
	rötahr
Zug	le train
	träh(n)
Zuschlag	le supplément
	ßüpplehman(g)

Je nach ihrer Geschwindigkeit wird in Frankreich zwischen verschiedenen Zugarten unterschieden.

Als Nahverkehrszüge setzt die nationale Eisenbahngesellschaft SNCF (Société Nationale de Chemin de fer Français) in der Regel **trains directs** (Regionalexpress) bzw. für Regionalverbindungen den **rapide** (vergleichbar mit dem deutschen Interregio) ein.

Dem deutschen ICE entspricht in Frankreich der 1981 in Dienst gestellte **TGV (Train à Grande Vitesse**; Hochgeschwindigkeitszug). Der etwa 300 km/h schnelle TGV verbindet die Hauptstadt Paris über Neubaustrecken mit vielen größeren Städten des Landes sowie einigen ausländischen Zielen. Der TGV hält seit 1990 mit 513 km/h auch den Geschwindigkeitsweltrekord für konventionell angetriebene Schienenfahr-zeuge. Vier Jahre später nahm der TGV unter der Bezeichnung »Eurostar« den Verkehr durch den Ärmelkanaltunnel nach Großbritannien auf. Für die Benutzung des TGV ist eine Reservierung erforderlich.

Die wichtigsten Redewendungen

Wendungen

Bitte eine Fahrkarte zweiter Klasse nach Paris.
Un aller deuxième classe pour Paris.
Ön(g) alleh dösjem klahß puhr Parie

Wie teuer ist die Fahrkarte?
Le billet coûte combien?
Lö bijeh kutt ko(m)bjäh(n)

Tagesfahrkarte
le billet à la journée
bijeh a la ǧurneh

Wir möchten zwei Hin- und Rückfahrkarten nach Paris kaufen.
Nous voudrions acheter deux aller-retour pour Paris.
Nuh wudrion(g) aschteh dösalleh-rötuhr puhr Parie

Fahrscheinheft
le carnet
karneh

Haben Sie noch zwei Nichtraucherplätze?
Avez-vous encore deux places non-fumeurs?
Aweh-wuh ohn(g)kohr dö plahß non(g)-fümör

Wochenfahrkarte
la carte hebdomadaire
kart ebdomadähr

Wann fährt der nächste Bus nach Lyon, bitte?
A quelle heure part le prochain bus pour Lyon, s'il vous plaît?
A kel öhr pahr lö proschäh(n) büs puhr Lion(g), ßil wuh plä

Monatsfahrkarte
la carte mensuelle
kart mah(ng)ßüel

Wo müssen wir umsteigen?
Où faut-il changer de train/bus?
U fotil scha(ng)ǧeh dö träh(n)/büs

Wo ist die Gepäckaufbewahrung?
Où se trouve la consigne?
U ßö truhw la kon(g)ßinje

Aus welchem Gleis fährt der Zug nach Lyon?
De quelle voie part le train pour Lyon?
Dö kel woa pahr lö träh(n) puhr Lion(g)

Hält der Zug in Albertville?
Est-ce que le train s'arrête à Albertville?
Eskö lö träh(n) ßarätt a Albährwill

Unterwegs

Auf zahlreichen französischen Strecken muss die Fahrkarte vor Antritt der Bahnreise vom Reisenden entwertet werden. Entsprechende Automaten, die **composteurs**, befinden sich jeweils vor dem Zugang zu den einzelnen Bahnsteigen.

Es lohnt sich, vor dem Kauf einer Fahrkarte nach Ermäßigungen (**réductions**) zu fragen. Die französische Eisenbahngesellschaft SNCF gibt eine entsprechende Bröschüre heraus, die an den Informationsschaltern auf jedem Bahnhof zu bekommen ist.

Fährt die Linie 4 nach Versailles?
Est-ce que la ligne 4 va à Versailles?
Eskö la ligne katre wa a Werßaj

rechts
à droite
a droatt

Wo befindet sich der Speisewagen?
Où se trouve le wagon-restaurant?
U ßö truhw lö wagoh(n)-restorah(n)

links
à gauche
a gohsch

Entschuldigung, aber dieser Platz ist besetzt.
Pardon, mais cette place est occupée.
Pardon(g), mäh ßet plahß ä oküpeh

geradeaus
tout droit
tu droa

Könnten Sie bitte das Fenster schließen?
Pourriez-vous fermer la fenêtre, s'il vous plaît?
Purjeh-wuh fermeh la fönätr, ßil wuh plä

Wir möchten hier aussteigen.
Nous voulons descendre ici.
Nuh wuhlon(g) dehßah(n)dr ißi

Wann kommen wir in Paris an?
À quelle heure est-ce qu'on arrive à Paris?
A kel öhr eskonnarihw a Parie

Busse werden in Frankreich vor allem für kürzere Fahrten in überwiegend ländlichen Gebieten genutzt, dennoch gibt es auch Reise- und Überlandverbindungen. Für Touristen werden zudem spezielle Rundreisen und Städtetouren angeboten.

Internationale Buslinien **lignes internationales** (*linje ähntärnaßjonal*) • Überlandbus **bus interurbain** (*büs äh(n)tärürbäh(n)*) • Rundreise **tour circulaire** (*tuhr Birkülähr*) • Stadtrundfahrt **tour de la ville** (*tuhr dö la wil*) • Ausflugsverkehr **trafic d'excursion** (*trafik dexkürsjon(g)*)

Fahrkarten für den Bus können entweder direkt beim Fahrer oder in den meisten Tabakläden (**bar-tabac** oder **tabac**) in Form von Mehrfachkarten erstanden werden. Das Ticket wird im Bus entwertet; Umsteigen ist mit diesem Ticket in der Regel erlaubt.

Fahrkarten für die Metro gibt es an den Automaten im Eingangsbereich einer Station oder ebenfalls in Tabakläden. Vor den Treppen zu den jeweiligen Bahnsteigen befindet sich eine Sperrvorrichtung (**portillon automatique**). Das Ticket wird vor dem Drehkreuz in einen Schlitz eingeschoben und hinter der Sperre entnommen.

Am Informationsschalter

Dialog

Guten Tag. Wo bleibt der Zug nach Paris?
Bonjour. Où est le train pour Paris?
Bon(g)g̃uhr. U ä lö träh(n) puhr Pari

Er hat leider Verspätung.
Je suis désolé, il a du retard.
g̃ö ßüi dehsoleh, il a dü rötahr.

Wie lange?
Combien?
Ko(m)bjäh(n)

Etwa 30 Minuten.
Une demi-heure à peu près.
Ühn dömi-öhr a pö prä

Erreiche ich den Anschlusszug nach Lille?
Est-ce que j'attraperai la correspondance pour Lille?
Eskö g̃atrapörä la korrespo(n)dah(n)ß puhr Lill

Der Zug wird am Gare du Nord warten.
Le train va attendre à la Gare du Nord.
Lö träh(n) wa atah(n)dr a la Gar dü Nor

Hätte ich nur das Auto genommen ...
Si seulement j'avais pris la voiture ...
Bi Böllman(g) g̃awä pri la woatühr

Mit dem Schiff

| Begriffe | Die wichtigsten Begriffe |

Anlegestelle	l'embarcadère (m)	*lah(m)barkadähr*
Ärmelkanal	la Manche	*Mah(n)sch*
Autofähre	le car-ferry	*kahr-färie*
Dampfer	le bateau à vapeur	*batoh a wapöhr*
Deck	le pont	*poh(n)*
Einzelkabine	la cabine individuelle	*kabien äh(n)diwidüel*
Fähre	le ferry	*färie*
Fluss	la rivière	*riwjähr*
Hafen	le port	*pohr*
Insel	l'île (f)	*lil*
Kabine	la cabine	*kabien*
Kapitän	le capitaine	*kapitänn*
Kreuzfahrt	la croisière	*kroasjähr*
Küste	la côte	*koht*
Liegestuhl	la chaise longue	*schähs loh(n)g*
Luftkissenboot	l'hydroglisseur (m)	*idroglissör*
Meer	la mer	*mähr*
Motorboot	le canot à moteur	*kanoh a motör*

Rettungsboot	**le canot de sauvetage**
	ka<u>noh</u> dö ßow<u>taĝ</u>
Rettungsweste	**le gilet de sauvetage**
	ĝi<u>leh</u> dö ßow<u>taĝ</u>
Ruderboot	**la barque**
	bark
Schiff	**le bateau**
	ba<u>toh</u>
Schiffsagentur	**l'agence maritime (f)**
	aĝah(n)ß mari<u>tim</u>
Schiffskarte	**le billet (de bateau)**
	bi<u>jeh</u> (dö ba<u>toh</u>)
schwimmen	**nager**
	na<u>ĝeh</u>
Seekrankheit	**le mal de mer**
	mall dö mähr
Überfahrt	**la traversée**
	trawer<u>ßeh</u>

Die wichtigsten Redewendungen *Wendungen*

Bitte eine Schiffskarte nach Korsika für morgen.
Un billet pour la Corse pour demain, s'il vous plaît.
Ön(g) bi<u>jeh</u> puhr la Korß puhr dö<u>mäh(n)</u>, ßil wuh plä

Wir möchten unser Auto mitnehmen.
Nous voudrions emmener notre voiture.
Nuh wudri<u>on(g)</u> ah(m)mö<u>neh</u> notr woa<u>tühr</u>

Wie viel kostet die Überfahrt?
Elle coûte combien, la traversée?
El kutt ko(m)b<u>jäh(n)</u>, la trawer<u>ßeh</u>

Können Sie mir sagen, wann das nächste Schiff ablegen wird?
Pourriez-vous me dire à quelle heure le prochain bateau va démarrer?
Purjeh-<u>wuh</u> mö dihr a kell öhr lö pro<u>schäh(n)</u> ba<u>toh</u> wa dehma<u>reh</u>

Um wie viel Uhr kommen wir in Korsika an?
À quelle heure est-ce qu'on arrive en Corse?
A kell öhr eskonna<u>rihw</u> an(g) Korß

Haben Sie ein Mittel gegen Seekrankheit?
Avez-vous un médicament contre le mal de mer?
Aweh-<u>wuh</u> ön(g) mehdika<u>man(g)</u> koh(n)tr lö mall dö mähr

---

Dialog

An der Anlegestelle

Wo befindet sich die Autoverladung?
Où se trouve l'embarcadère des voitures?
U ßö truhw lah(m)barka<u>dähr</u> deh woa<u>tühr</u>

Rechts hinter dem Ticketschalter.
A droite, derrière le guichet (où on vend les billets).
A dro<u>att</u>, därri<u>jähr</u> lö gi<u>scheh</u> (u on(g) wah(n) leh bi<u>jeh</u>)

Können wir im Auto bleiben?
Est-ce que nous pouvons rester dans la voiture?
Eskö nuh pu<u>won(g)</u> res<u>teh</u> dah(n) la woa<u>tühr</u>

Nein, Sie müssen Ihren Wagen verlassen.
Non, vous devez quitter votre voiture.
Non(g), wuh dö<u>weh</u> kit<u>teh</u> wotr woa<u>tühr</u>

Gibt es ein Restaurant an Bord?
Il y a un restaurant à bord?
Il<u>ja</u> ön(g) resto<u>rah(n)</u> a bor

Ja, und außerdem zwei Sonnendecks.
Oui, et en plus deux ponts soleil.
Ui, eh an(g) plüß dö poh(n) ßole<u>j</u>

Nein danke – bei dem Regen ...
Non merci – avec cette pluie ...
Non(g) mer<u>ßi</u> – a<u>weck</u> ßet plü<u>i</u>

Mit dem Auto

Die wichtigsten Begriffe

> Begriffe

abbiegen	**tourner**
	tur<u>neh</u>
abschleppen	**remorquer**
	römor<u>keh</u>
Ampel	**le feu**
	fö
anschnallen	**mettre la ceinture**
	mettr la ßäh(n)<u>tühr</u>
Autobahn	**l'autoroute (f)**
	lohto<u>rutt</u>
Autovermietung	**la location de voitures**
	loka<u>ßjon(g)</u> dö woa<u>tühr</u>
Benzin	**l'essence (f)**
	le<u>ssah(n)ß</u>
bleifrei	**sans plomb**
	ßah(n) plon(g)
Bremse	**le frein**
	fräh(n)

Folgende Hinweise finden Sie auf französischen Verkehrsschildern:

arrêt interdit	*ar<u>rä</u> äh(n)ter<u>die</u>*	Halteverbot
attention	*atta(n)<u>ßjon(g)</u>*	Achtung
cedez le passage	*ße<u>deh</u> lö pa<u>ssaġ</u>*	Vorfahrt beachten
chantier/travaux	*scha(n)<u>tjeh</u>/tra<u>woh</u>*	Baustelle/Bauarbeiten
chaussée déformée	*scho<u>ßeh</u> dehfor<u>meh</u>*	schlechte Fahrbahn
contrôle radar	*ko(n)<u>trohl</u> radar*	Radarkontrolle
danger	*dah(n)<u>ġeh</u>*	Gefahr
déviation	*dehwia<u>ßjon(g)</u>*	Umleitung
école	*eh<u>koll</u>*	Schule
priorité	*priori<u>teh</u>*	Vorfahrt
ralentir	*ralah(n)<u>tihr</u>*	langsamer fahren
rappel	*ra<u>pell</u>*	etwa: denk daran!
route barrée	*rutt bar<u>reh</u>*	Straßensperrung
sens unique	*ßah(n)sü<u>nik</u>*	Einbahnstraße
sortie	*ßor<u>tie</u>*	Ausfahrt
stationnement	*ßtaßjonn<u>man(g)</u>*	Parken
toutes directions	*tutt direk<u>ßjon(g)</u>*	alle Richtungen
virage	*wi<u>raġ</u>*	Kurve

	Führerschein	le permis de conduire *permi dö koh(n)düihr*
	Landstraße	la route nationale *rutt naßjonal*
	Lastwagen	le camion *kamjon(g)*
	Maut	le péage *peeaß*
	Motor	le moteur *motör*
	Notrufsäule	le téléphone de secours *tehlehfonn dößkuhr*
	Öl	l'huile (f) *lüil*
	Ölwechsel	la vidange *widah(n)ß*
	Panne	la panne *pann*
	Pannendienst	le service de dépannage *ßerwiß dö dehpannaß*
	Parkplatz	le parking *parking*
	Polizei	la police *poliß*
	Promille	le taux d'alcoolémie *toh dalkollehmie*
	Rastplatz	l'aire (f) (de repos) *lähr (dö röpo)*
	Reifen	le pneu *pnö*
	Reifenpanne	le pneu crevé *pnö kröweh*

Auf Autobahnen muss eine Mautgebühr bezahlt werden; nur die Streckenabschnitte hinter den Landesgrenzen und im Stadtbereich sind ausgenommen. Nach der Auffahrt muß eine Karte an der Mautstation gezogen werden, an der folgenden Station (bzw. nach Fahrtende hinter der Autobahnabfahrt) wird die Karte abgegeben. Bezahlt wird in bar oder per Kreditkarte. An einigen Stationen wird das Geld einfach in einen Beutel geworfen.

Kleingeld **la monnaie** (*monnä*) • Kreditkarte **la carte de crédit** (*kart dö kredi*) • Maut **le péage** (*peaß*) • Quittung **le reçu/la quittance** (*rößü/kitah(n)ß*)

Scheinwerfer	le phare
	far
Schneeketten	les chaînes (f) (à neige)
	schänn (a nähḡ)
Sicherheitsgurt	la ceinture de sécurité
	ßäh(n)tühr dö ßehküri<u>teh</u>
Stau	l'embouteillage (m)
	lah(m)butte<u>jaḡ</u>
Strafzettel	la contravention/
	le procès-verbal (le p.v.)
	koh(n)trawah(n)<u>ßjo(ng)</u>/
	le proßä-wer<u>bal</u> (pe we)
Straße	la rue
	rü
Straßenkarte	la carte routière
	kart rut<u>jähr</u>
Tankstelle	la station-service
	ßtaßjoh(n)-ßer<u>wiß</u>
trampen	faire de l'auto-stop
	fähr dö lohto-<u>ßtop</u>
Unfall	l'accident (m)
	lakßi<u>dan(g)</u>
Verkehrsschild	le panneau
	pan<u>noh</u>
Versicherung	l'assurance (f)
	lassü<u>rah(n)</u>ß
Versicherungs-	la carte verte
karte (grün)	*kart <u>wert</u>*
Wagenheber	le cric
	krick
Wagenwäsche	le lavage
	la<u>waḡ</u>
Warnblinklicht	le signal de détresse
	ßi(n)<u>jal</u> dö deh<u>treß</u>
Warndreieck	le triangle de signalisa-
	tion
	triah(n)gl dö ßinjalisa<u>ßjon(g)</u>
Werkstatt	le garage
	ga<u>raḡ</u>
Werkzeug	les outils (m)
	u<u>tih</u>

Höchstgeschwindigkeit

innerorts	50 km/h
Landstraße	90 km/h
Schnellstraße	110 km/h
Autobahn	130 km/h

| **Wendungen** | ## Die wichtigsten Redewendungen

Wo ist die nächste Tankstelle?
Où est la station-service la plus proche?
U ä la Btaßjoh(n)-Berwiß la plü prosch

Ist dies die Straße nach Versailles?
C'est bien la route pour Versailles?
Bä bjäh(n) la rutt puhr Werßaj

Wie viele Kilometer sind es noch bis nach Versailles?
Ça fait encore combien de kilomètres jusqu'à Versailles?
Ba fä an(g)kohr ko(m)bjäh(n) dö kilomätr ğüßka Werßaj

Wir suchen einen bewachten Parkplatz im Stadtzentrum.
Nous cherchons un parking gardé au centre de la ville.
Nuh scherschon(g) un parking gardeh oh ßah(n)tr dö la will

Biegen Sie bitte rechts ab.
Tournez à droite, s'il vous plaît.
Tuhrneh a droatt, ßil wuh plä

Wo können wir Schneeketten kaufen, bitte?
Où est-ce qu'on peut acheter des chaînes (à neige), s'il vous plaît?
U eßkon(g) pö aschteh deh schänn (a nähğ), ßil wuh plä

Wir haben eine Panne.
On est tombé en panne.
Onä toh(m)beh ah(ng) pann

Wir haben einen Platten.
Un pneu est dégonflé.
Ön(g) pnö ä dehgoh(n)fleh

Folgende Wörter könnten Ihnen an einer Tankstelle (**station-service**) in Frankreich weiterhelfen:

Batterie	la batterie	*batte<u>ri</u>*
Benzin	l'essence (f)	*le<u>ssah</u>(n)ß*
Benzinkanister	le bidon d'essence	*bido(ng) de<u>ssah</u>(n)ß*
Blinker	le clignotant	*klinjo<u>tah</u>(n)*
defekt	en panne	*ahn(g) pann*
Kühler	le radiateur	*radia<u>tör</u>*
Kühlwasser	l'eau (f) de refroidissement	*loh dö röfroadißman(g)*
Ölstand	le niveau d'huile	*ni<u>woh</u> düil*
Reifendruck	la pression des pneus	*prässj<u>o(ng)</u> deh pnö*
Reparatur	la réparation	*rehpara<u>ßion(g)</u>*
Scheibenwischer	l'essuie-glace (m)	*le<u>ssüi</u>-glahß*
Staubsauger	l'aspirateur (m)	*aspira<u>tör</u>*
(über)prüfen	vérifier	*wehri<u>fjeh</u>*
volltanken	faire le plein	*fähr lö pläh(n)*
Waschstraße	le tunnel de lavage	*tü<u>nell</u> dö la<u>wağ</u>*
wechseln	changer	*schah(n)ğeh*

Haben Sie bleifreies Normalbenzin?
Avez-vous de l'ordinaire sans plomb?
Aweh-<u>wuh</u> dö lordi<u>nähr</u> ßah(n) plon(g)

Einmal volltanken, bitte.
(Faites) Le plein, s'il vous plaît.
(Fätt) Lö pläh(n), ßil wuh plä

Normalbenzin
l'ordinaire (f)
lordi<u>nähr</u>

Bitte überprüfen Sie den Reifendruck und den Ölstand.
Pourriez-vous vérifier la pression des pneus et le niveau d'huile, s'il vous plaît.
Purjeh-<u>wuh</u> wehri<u>fjeh</u> la prässj<u>o(ng)</u> deh pnö eh lö ni<u>woh</u> düill, ßil wuh plä

Superbenzin
le super
ßü<u>pähr</u>

Können Sie mir bitte eine Quittung geben?
Pourriez-vous me faire une quittance, s'il vous plaît?
Purjeh-<u>wuh</u> mö fähr ühn ki<u>tah(n)</u>ß, ßil wuh plä

Diesel
le gazoil/le diesel
gaso<u>all</u>/dje<u>sel</u>

bleifreies Benzin
sans plomb
ßah(n) plon(g)

Das Auto ist kaputt.
La voiture est en panne.
La woa<u>tühr</u> ät an(g) pann

Vor der Fahrt mit dem Auto nach Frankreich sollten Sie sich von Ihrer Versicherung eine grüne Versicherungskarte (**carte verte**) ausstellen lassen. Im Schadensfall während des Urlaubs ersparen Sie sich so eine Menge zeitraubender Formalitäten; darüber hinaus wird die spätere Schadensabwicklung deutlich erleichtert.

Wer mit dem Auto in ländlichen Gebieten unterwegs ist, sollte stets eine gute (detailgenaue) Straßenkarte bei sich haben, da die Beschilderung häufig eher dürftig ist.

für einen Tag **pour une journée** *puhr ühn ğuhrneh*	Wir möchten ein Auto mieten. **Nous voudrions louer une voiture.** *Nuh wudrion(g) lueh ühn woatühr*
für eine Woche **pour une semaine** *puhr ühn ßmänn*	Wie viel kostet es? **Ça fait combien?** *Ba fä ko(m)bjäh(n)*
für einen Monat **pour un mois** *puhr ön(g) moa*	Können wir den Wagen in Paris abgeben? **Est-ce qu'on peut rendre la voiture à Paris?** *Eßkon(g) pö rah(n)dr la woatühr a Parie*
	Darf auch meine Frau den Wagen fahren? **Ma femme, peut-elle aussi conduire la voiture?** *Ma famm, pötel ohßi koh(n)düihr la woatühr*

Die folgenden Wörter könnten Sie bei einer Autovermietung (**location de voitures**) benötigen. Achtung: Bitte erkundigen Sie sich, ob außer dem Fahrzeugmieter – also Ihnen – auch ein Mitreisender (Ehemann/Ehefrau) fahrberechtigt ist.

Bedienungsanleitung	**les instructions (f)** **d'emploi/d'utilisation**	*äh(n)ßstrükßjoh(n)* *dah(m)ploa/dütilisaßjoh(n)*
Geländewagen	**la voiture tous terrains**	*woatühr tu törräh(n)*
Kilometerpauschale	**le forfait kilomètrique**	*forfä kilomätrik*
Kindersitz	**le siège pour enfant**	*ßjäğ puhr ah(n)fah(n)*
mieten	**louer**	*lueh*
Mietpreis	**le prix de location**	*pri dö lokaßjoh(n)*
Tagespauschale	**le forfait journalier**	*forfä ğuhrnaljeh*
Versicherung	**l'assurance (f)**	*lassürah(n)ß*
Versicherungssumme	**la somme assurée**	*ßomm assüreh*
Vollkaskoversicherung	**l'assurance (f) tous risques**	*lassürah(n)ß tu risk*
zurückgeben	**rendre**	*rah(n)dr*

An der Tankstelle

Dialog

Ich brauche bleifreies Benzin.
Il me faut du sans plomb.
Il mö foh dü Bah(n) plon(g)

Wir haben Normal und Super.
Nous avons du normal et du super.
Nuhsa<u>won(g)</u> dü nor<u>mal</u> eh dü Büp<u>ähr</u>

Kann mein Auto mit beidem fahren?
Ma voiture, peut-elle rouler avec les deux?
Ma woat<u>ühr</u>, pö<u>tel</u> rul<u>eh</u> a<u>weck</u> leh dö

Ja. Aber ich empfehle Ihnen Super.
Oui. Mais je vous conseille du super.
U<u>i</u>, Mä gö wuh kon(g)<u>ßej</u> dü Büp<u>ähr</u>

Bitte messen Sie auch den Ölstand.
Pourriez-vous aussi vérifier l'huile, s'il vous plaît?
Purjeh-<u>wuh</u> oh<u>ßi</u> wehrif<u>jeh</u> lü<u>il</u>, ßil wuh plä

Es muss etwas Öl nachgefüllt werden.
Il faut ajouter un peu d'huile.
Il foh ag<u>uteh</u> ön(g) pö dü<u>il</u>

Bitte machen Sie das.
Faites-le, s'il vous plaît.
Fätt-<u>lö</u>, ßil wuh plä

Der Weg in die Innenstädte ist in Frankreich stets durch Schilder mit der Aufschrift **centre ville** markiert; auch die Parkplatzsuche wird den oft zahlreichen Touristen in der Regel durch diverse Hinweisschilder erleichtert.

Einmal auf dem Parkplatz angekommen, sollte man keine Wertsachen oder Taschen offen im Fahrzeug liegen lassen; auch bewachte Parkplätze bieten nicht unbedingt Schutz vor Langfingern. Wenn überhaupt, sollten Taschen im Kofferraum deponiert werden.

Gern. Ein halber Liter genügt.
Volontiers. Un demi-litre suffira.
Wolontjeh. Ön(g) dömi-litr ßüfira

Der Wagen hat noch nie Öl verloren.
La voiture n'a jamais perdu d'huile.
La woatühr na ĝamä perdü düil

Sie sollten die Dichtung prüfen lassen.
Vous devriez faire vérifier le joint.
Wuh döwrijeh fähr wehrifjeh lö ĝoäh

Können Sie das gleich hier machen?
Pourriez-vous le faire tout de suite?
Purjeh-wuh lö fähr tuttßüitt

Nein. Sie müssen in eine Werkstatt.
Non. Vous devez aller dans un garage.
Non(g). Wuh döweh alleh dah(n)sön(g) garaĝ

Kann ich denn jetzt noch weiterfahren?
Mais est-ce que je peux encore rouler?
Mä eskö ĝö pö an(g)kohr ruleh

Ja, Sie müssten nur öfter den Ölstand prüfen.
Oui, seulement vous devez régulièrement vérifier l'huile.
Ui, Böllman(g) wuh döweh rehguljährman(g) wehrifjeh lüil

Wie viel bin ich Ihnen schuldig?
Combien je vous dois?
Ko(m)bjäh(n) ĝö wuh doa

540 Francs bitte.
540 francs, s'il vous plaît.
Bäh(n)kßah(n)karah(n)t frah(ng), ßil wuh plä

Das wird ein teurer Urlaub ...
Ces vacances vont coûter cher ...
Beh wakah(n)ß won(g) kuteh schär

Auf zwei Rädern

Die wichtigsten Begriffe

Begriffe

Ersatzteil	**la pièce de rechange**
	pjeß dö rö<u>schah(n)</u>ĝ
Fahrrad	**le vélo/la bicyclette**
	weh<u>lo</u>/bi<u>Bi</u>klett
Fahrradkorb	**le panier porte-bagages**
	pan<u>jeh</u> port-ba<u>gah</u>ĝ
Helm	**le casque**
	kask
Mofa	**la mobylette**
	mobi<u>lett</u>
Motorrad	**la moto**
	mo<u>to</u>
Mountainbike	**le v.t.t. (vélo tous terrains)**
	we te te (weh<u>lo</u> tu tö<u>räh(n)</u>
Werkstatt	**l'atelier (m)**
	la<u>töljeh</u>
Werkzeug	**les outils (m)**
	u<u>tih</u>
Zweitaktgemisch	**le mélange deux-temps**
	meh<u>lah(n)</u>ĝ dö-tah(m)

Die wichtigsten Redewendungen

Wendungen

Wo ist die nächste Reparaturwerkstatt?
Où est l'atelier le plus proche?
U ä la<u>töljeh</u> lö plü prosch

Könnten Sie mir eine Luftpumpe leihen?
Pourriez-vous me prêter une pompe à air?
Purjeh-<u>wuh</u> mö prä<u>teh</u> ühn poh(m)p a ähr

Der Scheinwerfer und die Gangschaltung funktionieren nicht mehr.
Le phare et le dérailleur ne fonctionnent plus.
Lö fahr eh lö dehra<u>jör</u> nö fo(n)k<u>ßjonn</u> plü

1. le dérailleur
2. la poignée de frein
3. le guidon
4. la sonnette
5. le câble de frein
6. la lampe avant
7. le pneu
8. les rayons (m)
9. la valve
10. le cadre
11. le garde-boue
12. la pédale
13. la selle
14. la pompe à air
15. la chaîne
16. le porte-bagages
17. la béquille
18. la lampe arrière

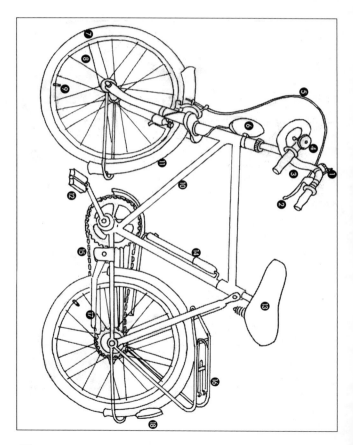

Die französischen Bezeichnungen für die gängigen Werkzeuge und
Ersatzteile lauten so:

Bremszug	le câble de frein	*kabl dö fräh(n)*
Flickzeug	le set de réparation	*ßet dö rehparaßjon(g)*
Hammer	le marteau	*mart<u>oh</u>*
Inbusschlüssel	la clef six pans	*kleh ßi pah(ng)*
Kettenritzel	le plateau	*plat<u>oh</u>*
Kreuzschlüssel	la clef en croix	*kleh ah(ng) kro<u>a</u>*
Kugellager	le roulement à billes	*rul<u>man(g)</u> a bij*
Schaltzug	le câble de dérailleur	*kabl dö dehraj<u>ör</u>*
Schlauch	la chambre à air	*schah(m)br a ähr*
Schraubenschlüssel	la clef anglaise	*kleh ah(n)gl<u>ähs</u>*
Schraubenzieher	le tournevis	*tuhrnöw<u>iß</u>*
Tretlager	la boîte de pédalier	*bo<u>att</u> dö pehdal<u>jeh</u>*
Zange	la pince	*päh(n)ß*

Wir möchten Packtaschen kaufen.
Nous voudrions acheter des sacoches.
Nuh wudri<u>on(g)</u> asch<u>teh</u> deh ßako<u>sch</u>

Man hat mir mein Motorrad gestohlen.
On a volé ma moto.
On(g) a wol<u>leh</u> ma mot<u>o</u>

Wir brauchen Sonnencreme.
Il nous faut de la crème solaire.
Il nuh foh dö la kräm ßol<u>ähr</u>

Wo können wir Regenjacken kaufen?
Où est-ce qu'on peut acheter des imperméables?
U eskon(g) pö asch<u>teh</u> dehsäh(m)perme<u>abl</u>

Fahrradfahren ist im Land der Tour de France ein überaus beliebter Sport,
dennoch haben es die Pedalisten oft schwer, sich im Straßenverkehr zu behaupten. Wer einen erholsamen Urlaub auf dem Rad verbringen möchte,
sollte unbedingt auf kleinere Nebenstraßen ausweichen und keinesfalls in
der Hauptreisezeit (Juli/August) fahren. Eine detaillierte Straßenkarte (**carte
routière**) ist für jeden Radler ein Muss.

Unbedingt ins Reisegepäck gehören auch Regenkleidung und ausreichender Sonnenschutz – von der Sonnenbrille über Sonnencreme bis zum Helm,
an dem man hinten ein Tuch zum Schutz des Nackens anbringen kann.

Radtouristen, die in ländlichen Gegenden unterwegs sind, sollten ihren Tagesproviant unbedingt am Vormittag einkaufen, auch wenn die Gepäcktaschen dadurch wieder etwas schwerer werden. In kleineren Dörfern abseits der Touristenpfade sind die wenigen Lebensmittelläden nämlich in der Regel von etwa 12 Uhr mittags oft bis weit in den Nachmittag hinein geschlossen.

Dialog — Die Fahrradpanne

Ich habe Probleme mit meinen Bremsen.
J'ai un problème avec les freins.
ǧeh ön(g) problämm aweck leh fräh(n)

Sie müssen neu eingestellt werden.
Il faut les ajuster de nouveau.
Il foh leh aǧusteh dö nuwo

Wird das lange dauern?
Ça va durer longtemps?
ßa wa düreh lo(ng)tah(m)

Ich kann mich gleich darum kümmern.
Je peux m'en occuper tout de suite.
ǧö pö man(g) oküpeh tuttßüitt

Das ist nett. Vielen Dank.
C'est gentil. Merci.
ßä ǧah(n)ti. Merßi

Sie brauchen auch ein neues Rücklicht.
Il vous faut aussi un nouveau feu arrière.
Il wuh foh ohßi ön(g) nuwo fö arrijähr

Das ist mir noch gar nicht aufgefallen.
Je ne l'avais pas encore remarqué.
ǧö nö lawä pasan(g)kohr römarkeh

Die Lampe ist defekt.
La lampe est défectueuse.
La lah(m)p ä dehfektüös

Im Hotel

Die wichtigsten Begriffe

Bad	la salle de bain	*ßall dö bäh(n)*
Doppelzimmer	la chambre pour deux personnes	*schah(m)br puhr dö perßonn*
Dusche	la douche	*dusch*
Einzelzimmer	la chambre pour une personne	*schah(m)br puhr ühn perßonn*
Fenster	la fenêtre	*fönätr*
Fernsehen	la télévision	*tehlehwisjon(g)*
Heizung	le chauffage	*schofagŝ*
Klimaanlage	la climatisation	*klimatisaßjon(g)*
Radio	la radio	*radio*
Telefon	le téléphone	*tehlehfonn*
Toilette	les toilettes (f)	*toalett*
Ventilator	le ventilateur	*wah(n)tilatör*
Warmwasser	l'eau chaude (f)	*loh schohd*
Waschbecken	le lavabo	*lawabo*

Ausstattung

Ich möchte ein ...
Je voudrais un/une ...
ŝö wudrä ön(g)/ühn

Gibt es ...?
Est-ce qu'il y a ...?
Eskilja

Haben Sie noch ein Zimmer mit ...?
Avez-vous encore une chambre avec ...?
Aweh-wuh an(g)kohr ühn schah(m)br aweck

Unterkunft

Der Juli und August sind die Urlaubsmonate der Franzosen. Hotelzimmer und Ferienwohnungen sind in den touristischen Regionen dann zumeist ausgebucht; zudem steigen die Preise oft drastisch an. Wer dennoch im Sommer nach Frankreich fahren möchte, sollte daher rechtzeitig buchen.

Eigenschaften	billig	**bon marché**
		bon(g) marscheh
	dunkel	**sombre**
		ßoh(m)br
Ist das Zimmer …?	groß	**grande**
La chambre est …?		*grah(n)d*
La schah(m)br ä	hell	**claire**
		klähr
	klein	**petite**
		pötit
	kühl	**froide**
		froad

In französischen Hotels ist es nicht unbedingt üblich, dass das Frühstück (**petit déjeuner**) automatisch im Preis inbegriffen ist. Deutsche Urlauber, die sich auf ein üppiges Frühstück freuen, werden in der Regel enttäuscht sein: Angeboten werden zumeist Kaffee, Milch, Croissants oder Baguette, Butter und Marmelade. Viele Urlauber verzichten ganz auf das Frühstück im Hotel und trinken ihren Kaffee in einer nahegelegenen Bar. Dort gibt es dann – beispielsweise mit belegten Baguettes oder herzhaft gefüllten Croissants – auch eine herzhafte Alternative zum (süßen) Frühstücks-Einerlei der Hotelküchen.
Die wichtigsten Begriffe:

belegtes Brot **le sandwich** *(ßa(n)düitsch)* • Brot **le pain** *(päh(n))* • Butter **le beurre** *(böhr)* • Honig **le miel** *(mjel)* • Kaffee **le café** *(kafeh)* • Marmelade **la confiture** *(koh(n)fitühr)* • Milch **le lait** *(lä)* • Zucker **le sucre** *(ßükr)*

	mit Blick aufs Meer	**avec vue sur la mer**
		aweck wü ßür la mähr
	nach hinten gelegen	**donnant sur la cour**
		donah(n) ßür la kuhr
	ruhig	**tranquille**
		trahn(g)kill
	schattig	**ombragée**
		oh(m)braǧeh
	sonnig	**ensoleillée**
		ah(n)ßolejeh
	teuer	**chère**
		schär
	zur Straße hin gelegen	**donnant sur la rue**
		donah(n) ßür la rü

In Frankreich stehen im Allgemeinen folgende Hotelarten zur Verfügung:	
Hotel	Hotels gibt es in verschiedenen Preiskategorien (ein bis fünf Sterne). Darüber hinaus ist zu unterscheiden zwischen privaten Hotels und den großen Ketten. Je nach Einordnung bestehen entsprechende qualitative Unterschiede. In den kleineren Privathotels gibt es auf den Zimmern häufig nur ein Waschbecken, während Toilette und Dusche mit anderen Gästen geteilt werden.
Chambres d'hôtes	Die zumeist familiären Pensionen verfügen zumeist nur über wenige Zimmer, bieten aber eine angenehme Atmosphäre und sind zudem oft preiswerter als Hotels.
Gîtes	Unter dieser Bezeichnung werden Übernachtungsmöglichkeiten (Häuser, Wohnungen und Zimmer) auf dem Land zusammengefasst; die besten sind im Verzeichnis Gîte de France zu finden.
Motel	Wer in der Stadt kein Zimmer mehr bekommt, kann in den Motels (z.B. Formule 1, Première classe) an den Ausfallstraßen bzw. nahe der Autobahn übernachten. Die Preise sind niedriger als in den Hotels.

Die wichtigsten Redewendungen

Wendungen

Ankunft

Ich möchte ein Zimmer für zwei Nächte.
Je voudrais une chambre pour deux nuits.
dğö wudrä ühn schah(m)br puhr dö nüi

Ich habe ein Zimmer reserviert.
J'ai réservé une chambre.
dğeh rehserweh ühn schah(m)br

Wie viel kostet das Zimmer?
Elle coûte combien, la chambre?
El kutt ko(m)bjäh(n), la schah(m)br

Haben Sie ein billigeres Zimmer?
Vous avez une chambre moins chère?
Wuhsaweh ühn schah(m)br moäh(n) schär

Ist das Frühstück im Preis inbegriffen?
Est-ce que le petit déjeuner est compris?
Eskö lö pöti dehğöneh ä koh(m)pri

Kann ich das Zimmer sehen?
Est-ce que je pourrais voir la chambre?
Eskö ğö purä woahr la schah(m)br

Das Zimmer gefällt mir (nicht).
La chambre me plaît/ne me plaît pas.
La schah(m)br mö plä/nö mö plä pa

Es ist schön, ich nehme es.
Elle est belle, je la prends.
El ä bel, ğö la prah(n)

Aufenthalt

Wann ist Frühstückszeit?
A quelle heure est-ce que vous servez le petit déjeuner?
A kel öhr eskö wuh ßerweh lö pöti dehğöneh

Wann werden die Zimmer gemacht?
Quand vient la femme de chambre?
Kah(n) wjäh(n) la famm dö schah(m)br

Ist das Hotel die ganze Nacht geöffnet?
L'hôtel est ouvert toute la nuit?
Lohtel ätuwähr tut la nüi

Ich möchte dies im Safe hinterlegen.
Je voudrais déposer ces affaires au trésor.
ğö wudrä dehposeh ßehsaffähr o trehsohr

 Wenn Sie in Ihrer Unterkunft nach etwas fragen möchten:

Wo ist	**Où est/sont**	*U ä/ßon(g)*
die Dusche	**la douche**	*dusch*
der Fahrstuhl	**l'ascenseur (m)**	*lassan(g)ßör*
die Küche	**la cuisine**	*küisihn*
der Konferenzraum	**la salle de conférence**	*ßall dö koh(n)fehrah(n)ß*
der Portier	**le portier/le concierge**	*portieh/kon(g)ßjerğ*
die Rezeption	**la réception**	*rehßepßjon(g)*
das Restaurant	**le restaurant**	*restorah(n)*
das Schwimmbad	**la piscine**	*pißihn*
das Telefon	**le téléphone**	*tehlehfonn*
die Toilette	**les WC/les toilettes**	*weh ßeh/toalett*
mein Zimmer	**ma chambre**	*ma schah(m)br*

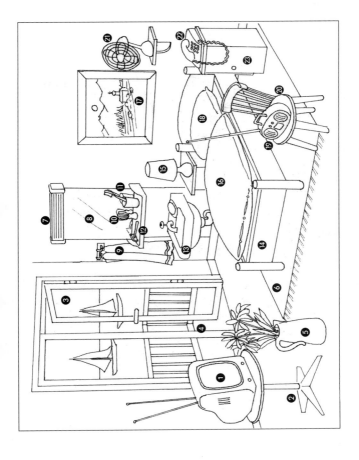

1. la télé(vision)
2. la table
3. la porte du balcon
4. le balcon
5. le vase à fleurs
6. le tapis
7. la lampe
8. le miroir
9. la serviette
10. le blaireau
11. la brosse à dents
12. le rasoir
13. le lavabo
14. le lit
15. la lampe de chevet
16. la couverture de lit
17. le tableau
18. l'oreiller (m)
19. la radio
20. la chaise
21. le ventilateur
22. le téléphone
23. la table de nuit

Unterkunft

Abreise

Wir reisen morgen ab.
On partira demain.
On(g) parti<u>ra</u> dö<u>mäh</u>(n)

Bis wie viel Uhr müssen wir das Zimmer räumen?
Jusqu'à quelle heure faut-il quitter la chambre?
ğüs<u>ka</u> kell öhr foh<u>til</u> ki<u>teh</u> la schah(m)br

Bitte zahlen.
L'addition, s'il vous plaît.
Ladißjon(g) ßil wuh plä

Bitte rufen Sie mir ein Taxi.
Appelez-moi un taxi, s'il vous plaît.
Ap<u>leh</u>-moa ön(g) ta<u>xi</u>, ßil wuh plä

> Wenn Sie in Ihrer Unterkunft etwas benötigen, so wird diese Frage mit **Auriez-vous** *(Ohrijeh-<u>wuh</u>* = Haben Sie) oder **Je voudrais** *(ğö wud<u>rä</u>* = Ich möchte) eingeleitet.
>
> | Haben Sie | **Auriez-vous** | *Ohrijeh-<u>wuh</u>* |
> |---|---|---|
> | einen Adapterstecker | **un adaptateur** | *adapta<u>tör</u>* |
> | Briefmarken | **des timbres (m)** | *täh(m)br* |
> | eine Decke | **une couverture** | *kuwähr<u>tühr</u>* |
> | einen Fernsehraum | **une salle de télévision** | *ßall dö tehlehwi<u>sjon(g)</u>* |
> | einen Föhn | **un sèche-cheveux** | *ßäsch-schwö* |
> | ein Handtuch | **une serviette** | *ßer<u>wjett</u>* |
> | ein Kopfkissen | **un oreiller** | *ore<u>jeh</u>* |
> | ein Stück Seife | **un pain de savon** | *päh(n) dö ßa<u>wo(n)</u>* |
> | einen Stadtplan | **un plan de la ville** | *plah(n) dö la will* |
> | Toilettenpapier | **du papier hygiènique** | *pap<u>jeh</u> iğjeh<u>nik</u>* |

Beschwerden

Es fehlen Handtücher.
Il n'y a pas de serviettes.
Il nja pa dö ßer<u>wjett</u>

Das Wasser läuft nicht.
Il n'y a pas d'eau.
Il nja pa doh

Die Heizung funktioniert nicht.
Le chauffage ne marche pas.
Lö scho<u>fağ</u> nö marsch pa

Das Fenster klemmt.
La fenêtre ne s'ouvre pas.
La fön__ätr__ nö ßuhwr pa

Das Waschbecken ist verstopft.
Le lavabo est bouché.
Lö lawa__bo__ ä bu__scheh__

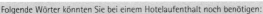

Die Licht ist kaputt.
La lumière ne fonctionne pas.
La lüm__jähr__ nö fo(n)k__ßjonn__ pa

Der Wasserhahn tropft.
Le robinet goutte.
Lö robi__neh__ gutt

Folgende Wörter könnten Sie bei einem Hotelaufenthalt noch benötigen:

Deutsch	Französisch	Aussprache
abreisen	**partir**	*par__tihr__*
ausgebucht	**complet**	*koh(m)__pleh__*
Aussicht	**la vue**	*wü*
Balkon	**le balcon**	*balkon__(g)__*
Bedienung	**le service**	*ßer__wiß__*
frei	**libre**	*libr*
Gepäck	**les bagages (m)**	*ba__gahg̃__*
Halbpension	**la demi-pension**	*dö__mi__-pah(n)__ßjon(g)__*
Heizung	**le chauffage**	*scho__fag̃__*
Kleiderbügel	**le cintre**	*ßäh(n)tr*
Kühlschrank	**le réfrigérator/le frigo**	*rehfrig̃ehra__tör__/fri__go__*
Licht	**la lumière**	*lüm__jähr__*
Lichtschalter	**l'interrupteur (m)**	*läh(n)terrüp__tör__*
Netzspannung	**la tension du réseau**	*tah(n)__ßjon(g)__ dü reh__soh__*
Reservierung	**la réservation**	*rehserwa__ßjon(g)__*
schlafen	**dormir**	*dor__mihr__*
Schlüssel	**la clé**	*kleh*
Schrank	**l'armoire (m)**	*lar__moahr__*
Spiegel	**le miroir**	*mi__roahr__*
Stockwerk	**l'étage (m)**	*leh__tag̃__*
Stuhl	**la chaise**	*schähs*
Trinkwasser	**l'eau potable (f)**	*loh po__tabl__*
Vollpension	**la pension complète**	*pah(n)__ßjon(g)__ koh(m)__plätt__*
wecken	**réveiller**	*rehwe__jeh__*
Wecker	**le réveil**	*reh__wej__*
Zimmermädchen	**la femme de chambre**	*famm dö schah(m)br*
Zimmernummer	**le numéro de chambre**	*nüméh__ro__ dö schah(m)br*

Unterkunft

Auf Zimmersuche

Guten Tag.
Bonjour.
Bon(g)ẵuhr

Sie wünschen?
Vous désirez?
Wuh dehsireh

Ich hätte gern ein Zimmer, nach hinten gelegen.
Je voudrais une chambre qui donne sur la cour.
ẵö wudrä ühn schah(m)br ki donn ßür la kuhr

Wir haben noch ein Zimmer mit Dusche im dritten Stock.
Il nous reste une chambre avec douche au troisième étage.
Il nuh rest ühn schah(m)br aweck dusch oh troasjämm ehtaẵ

Wie viel kostet es?
Elle coûte combien?
El kutt ko(m)bjäh(n)

250 Francs pro Nacht für zwei.
240 francs la nuit, pour deux personnes.
Dößah(n)karah(n)t frah(ng) la nüi puhr dö perßonn

Gut, ich nehme es.
Bien, je la prends.
Bjäh(n), ẵö la prah(n)

Das ist ihr Zimmerschlüssel.
Tenez, voilà la clé de votre chambre.
Töneh, woala la kleh dö wotr schah(m)br

Danke.
Merci.
Merßi

Im Ferienhaus

Die wichtigsten Begriffe

Begriffe

Anreisetag	**le jour de l'arrivée** *ßuhr dö lariweh*
Appartement	**l'appartement (m)** *lapartöman(g)*
Bungalow	**le bungalow** *bö(n)galoh*
Ferienanlage	**le village de vacances** *willaß dö wakah(n)ß*
Ferienhaus	**la maison de vacances** *mähson(g) dö wakah(n)ß*
Ferienwohnung	**l'appartement de vacances** *lapartöman(g) dö wakah(n)ß*
Hauptsaison	**la haute saison** *oht ßähson(g)*
Hausbesitzer	**le propriétaire** *propriehtähr*

Besonders Familien mit Kindern verzichten immer öfter auf einen Urlaub im Hotel und mieten eine Wohnung oder ein Ferienhaus. Wer bei der Wahl seines Domizils keine unliebsame Überraschung erleben und nicht pauschal im Reisebüro buchen möchte, sollte sich von den örtlichen Fremdenverkehrsbüros in Frankreich eine Liste der **Gîtes ruraux** zuschicken lassen: Es handelt sich dabei um zumeist in ländlichen Regionen gelegene Ferienhäuser, deren Standard regelmäßig kontrolliert wird.

Eine weitere gute Möglichkeit, preiswerte und attraktive Ferienhäuser zu finden, bietet sich seit einigen Jahren in den Kleinanzeigen von Natur-Zeitschriften und den Zeitschriften alternativer Verkehrsclubs. Auch diese Häuser liegen zumeist abseits der großen Touristenpfade.

Haustier	**l'animal domestique (m)** *lanimal domestik*
Kochnische	**le coin-cuisine** *koäh(ng)-küisihn*
Miete	**le loyer** *loajeh*
Müll	**les ordures (f)** *ordühr*

1. le parasol
2. le verre
3. la glace
4. la cuillère
5. la table
6. la chaise de jardin
7. la tapette
8. les journaux (m)
9. le hamac
10. le gril
11. le panier
12. le bassin à barboter
13. la chaise longue
14. le tuyau d'arrosage

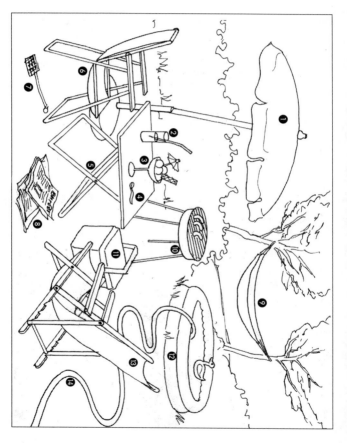

Nebenkosten	les charges (f)	
	scharğ	
Strom	le courant/l'électricité (f)	
	kurah(n)/lehlektrißiteh	

Die wichtigsten Redewendungen   *Wendungen*

Wo bekommen wir die Schlüssel?
Où est-ce qu'on peut aller chercher les clés?
U eskon(g) pö alleh scherscheh leh kleh

Ist der Stromverbrauch im Mietpreis enthalten?
L'électricité est comprise dans le loyer?
Lehlektrißiteh ä koh(m)pris dah(n) lö loajeh

Müssen wir die Endreinigung übernehmen?
C'est à nous de faire le ménage à la fin (du ßehjour)?
Bäta nuh dö fähr lö mehnağ a la fäh(n) (dü ßehğuhr)

Sind Haustiere erlaubt?
Est-ce que les animaux domestiques sont admis?
Eskö lehsanimoh domestik ßo(n)tadmih

Gibt es einen Lebensmittelladen in der Nähe?
Ya-t-il une épicerie pas trop loin d'ici?
Jatil ühn ehpißri pa troh loäh(n) dißi

Folgende Wörter könnten Sie in einer Ferienwohnung noch benötigen:

Badewanne	**la baignoire**	*bä(n)joahr*
Gartenmöbel	**les meubles (m) de jardin**	*möbl dö ğardäh(n)*
Kamin	**la cheminée**	*schmineh*
Kaminholz	**le bois de chauffage**	*boa dö schofağ*
Herd	**la cuisinière**	*küisinjähr*
Kaffeemaschine	**la machine à café**	*maschihn a kafeh*
Schlafcouch	**le divan-lit**	*diwah(n)-li*
Schlafzimmer	**la chambre à coucher**	*schah(m)br a kuscheh*
Spülmaschine	**la machine à laver la vaisselle**	*maschihn a laweh la wößell*
Waschmaschine	**la machine à laver**	*maschihn a laweh*

Unterkunft

| *Dialog* | **In der Ferienwohnung** |

Nun habe ich Ihnen alles gezeigt. Haben Sie noch Fragen?
Maintenant, je vous ai tout montré. Vous avez encore des questions?
Mäh(n)tönah(n), gö wuhseh tu moh(n)treh. Wuhsaweh an(g)kohr deh kestjoh(n)

Wann wird der Müll abgeholt?
Quand passent les ordures?
Kah(n) pahß lehsordühr

Jeden Dienstag. Bitte stellen Sie die Tonne am Vorabend auf die Straße.
Tous les mardis. Mettez la poubelle dans la rue la veille, s'il vous plaît.
Tu leh mardi. Metteh la pubell dah(n) la rü la wjej, ßil wuh plä

Dürfen wir den Kamin benutzen?
Nous pouvons nous servir de la cheminée?
Nuh puwon(g) nuh ßerwihr dö la schömineh

Selbstverständlich. Holz befindet sich im Schuppen.
Bien sûr. Il y a du bois dans le hangar.
Bjäh(n) Bür. Ilja dü boa dah(n) lö angar

Wenn es sonst Probleme gibt, dürfen wir uns sicher an Sie wenden?
En cas de problèmes, nous pouvons sûrement nous adresser à vous?
An(g) ka dö problämm, nuh puwon(g) Bürman(g) nuhsadresseh a wuh

Natürlich.
Naturellement.
Natürellman(g)

Auf dem Campingplatz

Die wichtigsten Begriffe

Begriffe

Anmeldung	la déclaration de séjour *dehklaraßjon(g) dö ßeh͞guhr*
bewacht	surveillé *ßürwejeh*
Campingplatz	le camping *kah(m)ping*
Einfahrt	l'entrée (f) *lah(n)treh*
Gebühr	le tarif *tarif*
Kinderspielplatz	le terrain de jeux *töräh(n) dö ȫö*
Parkplatz	le parking *parking*
Rezeption	le bureau d'acceuil *büro daköj*
Sanitäranlagen	les installations sanitaires *äh(n)ßtalaßjon(g) sanitähr*
Schatten	l'ombre (f) *loh(m)br*
Stellplatz	la place *plahß*
Strom	le courant/l'électricité (f) *kurah(n)/lehlektrißiteh*
Stromanschluss	la connexion *konnexjon(g)*
Trinkwasser	l'eau potable (f) *loh potabl*
Waschraum	les lavabos (m) *lawabo*
Wohnmobil	le camping-car *kah(m)ping-kar*
Wohnwagen	la caravane *karawan*
Zelt	la tente *tah(n)t*

Unterkunft

Frankreich hat Campingurlaubern eine Menge zu bieten. Die Campingplätze sind in Kategorien von einem Stern bis zu vier Sternen eingeteilt und ermöglichen daher jedem Reisenden – je nach Budget – eine gezielte Suche nach dem individuellen Zelt- und Stellplatz. Wer sich im Sommer einen Platz am Meer sichern will, sollte rechtzeitig reservieren. Ein besonderer Tip sind städtische Campingplätze (**camping municipal**): Sie bieten einen zumeist guten Standard und sind überdies preiswert.

Versuche, die Kosten für den Campingplatz zu umgehen und wild zu zelten, können teuer werden, denn wildes Campen ist in Frankreich verboten. Insbesondere im Süden besteht während der Sommermonate oft akute Waldbrandgefahr, die durch unkontrolliertes Campen erhöht wird.

Wendungen Die wichtigsten Redewendungen

Ankunft

Haben Sie noch einen Platz für einen Wohnwagen?
Avez-vous encore une place pour une caravane?
Aweh-wuh an(g)kohr ühn plahß puhr ühn karawan

Was kostet es pro Person und Tag?
Quel est le tarif par personne et par jour?
Kel ä lö tarif par perßonn eh par ğuhr

Wir bleiben sechs Tage.
Nous voudrions rester six jours.
Nuh wudrion(g) resteh ßi ğuhr

Wo können wir unser Zelt aufstellen?
Où est-ce qu'on peut monter notre tente?
U eskon(g) pö moh(n)teh notr tah(n)t

Wir möchten einen Platz im Schatten.
Nous voudrions une place à l'ombre.
Nuh wudrion(g) ühn plahß a loh(m)br

Vermieten Sie auch Wohnwagen?
Est-ce que vous louez aussi des caravanes?
Eskö wuh lueh ohßi deh karawan

Gibt es hier einen Lebensmittelladen?
Est-ce qu'il y a une épicerie ici?
Eskilja ühn ehpißri ißi

Wo sind die Waschräume?
Où se trouvent les lavabos?
U ßö truhw leh lawa<u>bo</u>

Kosten die Warmwasserduschen extra?
Faut-il payer un supplément pour avoir de l'eau chaude dans les douches?
Foh<u>til</u> pä<u>jeh</u> ön(g) ßüpleh<u>man(g)</u> puhr a<u>woahr</u> dö loh schohd dah(n) leh dusch

Gibt es hier Stromanschluss?
Est-ce qu'il y a une connexion?
Eskil<u>ja</u> ühn konne<u>xjon(g)</u>

Wo kann ich das Chemieklo entsorgen?
Où est-ce qu'on peut vidanger les WC chimiques?
U eskon(g) pö widah(n)<u>ǧeh</u> leh weh ßeh schi<u>mik</u>

Folgende Wörter könnten Sie auf einem Campingplatz noch benötigen:

Campingausweis	la carte de camping	kart dö kah(m)<u>ping</u>
Geschirrspülbecken	l'évier (m)	leh<u>wjeh</u>
Hering	le piquet de tente	pi<u>kä</u> dö tah(n)t
Isomatte	le matelas isolateur	mat<u>la</u> isola<u>tör</u>
Kocher	le réchaud (à gaz)	rehs<u>cho</u> (a gas)
leihen	prêter	prä<u>teh</u>
Leihgebühr	le tarif de location	ta<u>rif</u> dö loka<u>ßjon(g)</u>
Schlafsack	le sac de couchage	ßak dö ku<u>schaǧ</u>
Seil	la corde	kord
Streichhölzer	les allumettes (f)	allü<u>mett</u>
Taschenlampe	la lampe de poche	lah(m)p dö posch
Wasserkanister	le bidon à eau	bi<u>doh(n)</u> a oh

Wo bekomme ich Gasflaschen/Gaskartuschen?
Où est-ce que je peux acheter des bouteilles/des cartouches de gaz?
U eskö ǧö pö asch<u>teh</u> deh bu<u>tej</u>/deh kar<u>tusch</u> dö gas

Können Sie mir einen Hammer leihen?
Pourriez-vous me prêter un marteau?
Purjeh-<u>wuh</u> mö prä<u>teh</u> ön(g) mar<u>toh</u>

| *Dialog* | ## Auf dem Campingplatz |

Uns ist das Gas ausgegangen. Können Sie uns sagen, wo wir welches bekommen?
Nous n'avons plus de gaz. Pourriez-vous nous dire où nous pouvons en trouver?
Nuh na<u>won(g)</u> plü dö gas. Purjeh-<u>wuh</u> nuh dihr u nuh pu<u>won(g)</u> an(g) tru<u>weh</u>

Der Laden neben der Rezeption hat Gas. Aber ich fürchte, der is schon geschlossen.
Le magasin à côté de la réception vend du gaz. Mais je crains qu'il soit déjà fermé.
Le magas<u>äh(n)</u> a ko<u>teh</u> dö la rehßep<u>ß</u>jon(g) wah(n) dü gas. Mä ğö kräh(n) kil ß<u>oa</u> dehğa fer<u>meh</u>

Gibt es noch eine andere Möglichkeit?
Y a-t-il une autre possibilité?
Ja<u>til</u> ühn ohtr possibili<u>teh</u>

Auch die Läden im Ort haben schon zu.
Les magasins au village sont déjà fermés aussi.
Leh magas<u>äh(n)</u> oh willa<u>ğ</u> ßon(g) dehğa fer<u>meh</u> oh<u>ßi</u>

Das ist dumm.
C'est bête.
Bä bät

Ich kann Ihnen leider auch kein Gas geben, aber wir könnten zusammen kochen.
Je ne peux pas non plus vous donner du gaz. Mais si vous voulez, nous pouvons faire la cuisine ensemble.
ğö nö pö pa non(g) plüß wuh don<u>neh</u> dü gas. Mä ßi wuh wu<u>leh</u>, nuh pu<u>won(g)</u> fähr la kü<u>i</u>sihn ah(n)<u>ßah(m)</u>bl

Dieses Angebot nehmen wir gerne an.
Nous acceptons avec plaisir.
Nuhsakßep<u>ton(g)</u> a<u>weck</u> plä<u>sihr</u>

In der Jugendherberge

Die wichtigsten Begriffe

Begriffe

Anmeldung	la déclaration de séjour
	dehklara_ßjon(g)_ dö ßeh_ǧuhr_
Bettwäsche	les draps (m)
	dra
bügeln	repasser
	röpas_seh_
Familienzimmer	la chambre familiale
	schah(m)br famil_jal_
Gemeinschafts-	la salle commune
raum	ßall ko_mün_
Herbergseltern	les parents aubergistes (m)
	pa_rah(n)_ ohber_ǧist_
Jugendherberge	l'auberge (f) de jeunesse
	loh_bärǧ_ dö ǧö_neß_
Jugendherbergs-	la carte d'auberge de
ausweis	jeunesse
	kart doh_bärǧ_ dö ǧö_neß_
Mitgliedskarte	la carte de membre
	kart dö mah(m)br
Schlafsaal	le dortoir
	dorto_ahr_
Schlafsack	le sac de couchage
	ßak dö ku_schaǧ_
Waschraum	les lavabos/la salle d'eau
	lawa_bo_/ßall doh

In Jugendherbergen wird ein internationaler Jugendherbergsausweis benötigt, der jeweils vor Ort ausgestellt werden kann. Außer in Jugendherbergen gibt es für Rucksacktouristen eine Reihe weiterer preiswerter Übernachtungsmöglichkeiten in Frankreich: Besonders beliebt sind die **Gîtes d'étape**. Nahe ausgewiesenen Wanderwegen kann sich jeder Wanderer ein Bett in einem Schlafsaal sichern. Im Sommer sollte der Urlauber zwecks Reservierung jedoch schon im Voraus wissen, welche Hütten er ansteuern möchte. Auch auf Bauernhöfen bietet sich oft die Gelegenheit einer preiswerten Übernachtung. Camper können beim **camping à la ferme** auf einer Wiese nahe dem Bauernhaus zelten. Genauere Auskünfte geben die örtlichen Fremdenverkehrsämter.

| **Wendungen** | Die wichtigsten Redewendungen |

Haben Sie noch etwas frei?
Avez-vous encore des places libres?
Aweh-wuh an(g)kohr des plahß libr

Wie viel kostet die Übernachtung?
C'est combien par nuit?
Bä ko(m)bjäh(n) par nüi

Wann sind die Essenszeiten?
C'est quand, les heures de repas?
Bä kah(n), lehsöhr dö röpa

Gibt es hier Schließfächer?
Est-ce qu'il y a des casiers fermant à clé?
Eskilja deh kasjeh fermah(n) a kleh

Kann ich ein Zimmer mit meinem Mann teilen?
Je peux partager une chambre avec mon mari?
ĝö pö partaĝeh ühn schah(m)br aweck mon(g) mari

Bis wie viel Uhr abends ist Einlass?
Le soir, c'est ouvert jusqu'à quelle heure?
Lö Boahr Bätuwähr ĝüska kel öhr

Wie kommt man am günstigsten ins Zentrum?
Quel est le meilleur moyen pour aller au centre?
Kel ä lö mäjör moajäh(n) puhr alleh o Bah(n)tr

Kann ich ein Bettlaken ausleihen?
Est-ce que je pourrais emprunter un drap?
Eskö ĝö purä ah(m)pröh(n)teh ön(g) dra

Wann ist Frühstückszeit?
Quand peut-on prendre le petit déjeuner?
Kah(n) pöton(g) prah(n)dr lö pöti dehĝöneh

Haben Sie einen Stadtplan?
Avez-vous un plan de la ville?
Aweh-wuh ön(g) plah(n) dö la will

In der Jugendherberge

Dialog

Was gibt es zum Frühstück?
Qu'est-ce qu'il y a pour le petit déjeuner?
Keskil<u>ja</u> puhr lö pö<u>ti</u> dehḡö<u>neh</u>

Sie können sich am Büfett etwas aussuchen.
Vous pouvez choisir quelque chose au buffet.
Wuh pu<u>weh</u> schoa<u>sihr</u> kelk<u>schohs</u> oh büf<u>eh</u>

Gibt es auch Schoko-Croissants und heißen Kakao?
Il y a aussi des pains au chocolat et du chocolat chaud?
Il<u>ja</u> oh<u>ßi</u> deh päh(n) oh schoko<u>la</u> eh dü schoko<u>la</u> schoh

Natürlich, es ist sogar im Preis enthalten. Sie müssen nur die Frühstücksmarken mitnehmen, die Sie bei Ihrer Ankunft an der Rezeption erhalten haben.
Oui, bien sûr. Et c'est même inclus dans le prix. Vous n'avez qu'à emmener les tickets de repas qu'on vous a donnés à la réception le jour de votre arrivée.
U<u>i</u>, bjäh(n) ßür. Eh ßä mäm äh(n)<u>klü</u> dah(n) lö pri. Wuh na<u>weh</u> ka ahmä<u>neh</u> leh ti<u>keh</u> dö röp<u>a</u> kon(g) wuh<u>sa</u> don<u>neh</u> a la rehßep<u>ßjon(g)</u> lö ḡuhr dö wotr ari<u>weh</u>

Danke für die Auskunft.
Merci pour le renseignement.
Mer<u>ßi</u> puhr lö rah(n)ßänje<u>man(g)</u>

Unterkunft

Im Restaurant

Begriffe

Die wichtigsten Begriffe

	Abendessen	le dîner *di<u>neh</u>*
Appetithäppchen **l'amuse-gueule (m)** *amühs-<u>göll</u>*	Bedienung	le service *ßer<u>wiß</u>*
	Beschwerde	la réclamation *rehklamaßjon<u>(g)</u>*
Vorspeise **le hors-d'œuvre/ l'entrée (f)** *or-<u>döwr</u>/lah(n)<u>treh</u>*	bestellen	commander *kommah(n)<u>deh</u>*
	bezahlen	payer *pä<u>jeh</u>*
	bringen	apporter *apor<u>teh</u>*
Hauptgericht **le plat principal** *pla präh(n)ßi<u>pal</u>*	Brot	le pain *päh<u>(n)</u>*
	Diabetiker	le diabétique *diabeh<u>tik</u>*
Nachtisch **le dessert** *des<u>sähr</u>*	empfehlen	recommander *rökommah(n)<u>deh</u>*
	Essen	le repas *rö<u>pa</u>*
Käse **le fromage** *fro<u>maẓ</u>*	essen	manger *mah(n)<u>ẓeh</u>*
	Essig	le vinaigre *win<u>ägr</u>*
	Fisch	le poisson *poas<u>son(g)</u>*

Falls Sie beabsichtigen, einen schönen Tag in Frankreich mit einem Abendessen in einem guten Restaurant ausklingen zu lassen, sollten Sie rechtzeitig einen Tisch reservieren, um keine unliebsame Überraschung zu erleben. In Frankreich ist es nicht üblich, selbst einen Tisch im Restaurant auszuwählen; das Personal weist die Plätze in der Regel zu.

Die Frage nach einem angemessenen Trinkgeld (**pourboire**) kann nicht pauschal beantwortet werden. Als Faustregel für ein gutes Essen in angenehmer Restaurant-Atmosphäre gelten etwa 10–15% der jeweiligen Rechnungssumme. Nach einem kleinen Imbiss im Café kann diese Summe auch deutlich geringer ausfallen.

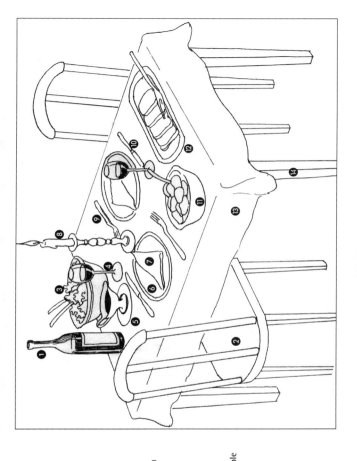

1. la bouteille de vin
2. la chaise
3. la salade
4. le verre de vin
5. la saucière
6. l'assiette (f)
7. la serviette de table
8. la bougie
9. la fourchette
10. le couteau
11. la terrine
12. le plat
13. la nappe
14. la table

Essen und Trinken

Die wichtigsten Getränke im Überblick:

Bier	la bière	*bjähr*
Bier, alkoholfrei	la bière sans alcool	*bjähr ßah(n)salkoll*
Bier vom Fass	la (bière) pression	*(bjähr) prässjon(g)*
Cognac	le cognac	*konjak*
Espresso	le (café) express	*(kafeh) express*
Früchtetee	l'infusion (f) aux fruits	*läh(n)füsjon(g) oh früi*
Fruchtsaft	le jus de fruits	*ğü dö früi*
Kaffee	le café	*kafeh*
Kaffee, koffeinfrei	le café décaféiné	*kafeh dehkafeeineh*
Kaffee mit Milch	le café au lait	*kafeh o lä*
Kaffee, schwarz	le café noir	*kafeh noahr*
Kakao (Pulver)	le cacao	*kakao*
Kakao, heiß	le chocolat chaud	*schokola scho*
Kamillentee	la camomille	*kamomij*
Kräutertee	l'infusion (f)	*läh(n)füsjon(g)*
Limonade	la limonade	*limonad*
Milch	le lait	*lä*
Mineralwasser	l'eau minérale (f)	*loh minehral*
Mineralwasser, mit Kohlensäure	l'eau gazeuse (f)	*loh gasöhs*
Mineralwasser, ohne Kohlensäure	l'eau non gazeuse (f)	*loh non(g) gasöhs*
Saft	le jus	*ğü*
Schnaps	l'eau (f) de vie	*loh dö wi*
Sekt/Champagner	le champagne	*schah(m)panj*
Tee	le thé	*teh*
Wasser	l'eau (f)	*loh*
Wein	le vin	*wäh(n)*
Wein, rot	le vin rouge	*wäh(n) ruğ*
Wein, weiß	le vin blanc	*wäh(n) blah(ng)*
Zitrone, heiß	le citron	*ßitron(g)*

Flasche	la bouteille *butej*
Fleisch	la viande *wiah(n)d*
frisch	frais/fraîche *frä/fräsch*
Gemüse	les légumes (m) *lehgüm*
Gericht	le plat *pla*
Getränk	la boisson *boaßon(g)*

Gewürz	l'épice (f)	
	lehpiß	
Guten Appetit	**Bon appétit**	
	Bonapehti	
hausgemacht	fait maison	
	fä mähson(g)	
heiß	chaud	
	scho	
kalt	froid	
	froa	
Kneipe	le bistrot	
	bistroh	
Kuchen	le gâteau	
	gatoh	
mager	maigre	
	mägr	
Menü	le menu	
	menü	
Mittagessen	le déjeuner	
	dehğöneh	
Ober	le serveur	
	ßerwör	
Obst	les fruits (m)	
	früi	
Öl	l'huile (f)	
	lüil	
Pfeffer	le poivre	
	poawr	
Quittung	le reçu	
	rößü	

Das Essen ist …		
Le repas est …		
Lö röpa ä		
… gut		
… bon		
… bon(g)		
… ausgezeichnet		
… excellent		
… exßellah(n)		
… zu fett		
… trop gras		
… troh gra		
… zu scharf		
… trop épicé		
… troh ehpißeh		
… versalzen		
… trop salé		
… troh ßaleh		

Essen und Trinken

Zu den beliebtesten landestypischen Gerichten zählen:

bœuf bourguignon	*böff burginjon(g)*	Rindergulasch in Rotwein
bouillabaisse	*bujabäß*	Fischsuppe
cassoulet	*kassuleh*	Bohneneintopf
coq au vin	*kock o wäh(n)*	Huhn in Rotwein
foie gras	*foa gra*	Gänseleber(pastete)
île flottante	*ill flottah(n)t*	Eischnee auf Vanillesauce
mousse au chocolat	*muß o schokola*	Schokoladencreme
quiche lorraine	*kisch lohränn*	Lothringer Speckkuchen
ratatouille	*ratatuj*	geschmortes Gemüse
tarte Tatin	*tart tatäh(n)*	gestürzter Apfelkuchen

91

	Rechnung	l'addition (f) *ladißjon(g)*
	Reservierung	la réservation *rehserwaßjon(g)*
	roh	cru *krü*
Ich nehme … **Moi, je prends …** *Moa, ßö prah(n)*	Rohkost	les crudités (f) *krüditeh*
	Salat	la salade *ßalad*
	Salz	le sel *ßel*
Bringen Sie mir … **Apportez-moi …** *Aporteh-moa*	Speisekarte	la carte *kart*
	Suppe	le potage/la soupe *potaĝ/ßup*
	Süßstoff	la saccharine *ßakkarien*
Noch etwas …, bitte. **Encore un peu de …, s'il vous plaît** *An(g)kohr ön(g) pö dö …, ßil wuh plä*	Tagesgericht	le plat du jour *pla dü ĝuhr*
	Tasse	la tasse *taß*
	Toilette	les toilettes (f) *toalett*
	trinken	boire *boahr*
	vegetarisch	végétarien *wehĝehtarjäh(n)*
	Zucker	le sucre *ßükr*

Zu den beliebtesten landestypischen Getränken neben dem Wein zählen:

l'armagnac (m)	*larmanjak*	Branntwein
le calvados	*kalwados*	Apfelschnaps
le cassis	*kassis*	Johannisbeerlikör
le champagne	*schah(m)panj*	Champagner/Sekt
le cidre	*ßidr*	Apfelwein
le cognac	*konjak*	Cognac
la framboise	*frah(m)boas*	Himbeerschnaps
le kir royal	*kihr roajal*	Weißwein/Sekt mit Cassis
le kirsch	*kirsch*	Elsässer Kirschschnaps
le pastis	*pastis*	Anisschnaps (Aperitif)

Das Frühstück fällt in Frankreich eher karg aus – in der Regel nur Café sowie Baguette oder Croissants. Auch mittags wird auf »schweres« Essen verzichtet – die Einheimischen nehmen ein belegtes Brot oder einen Salat zu sich. Dafür lässt man sich abends viel Zeit für ein ausgiebiges Mahl, das die Franzosen gern im Restaurant einnehmen: Nach einem Apéritif folgen Vorspeise, Hauptgang, Dessert und Käse. Brot wird zusätzlich angeboten. Wasser und Wein gehören ebenso zu einem guten Essen wie der Digestif (Verdauungsschnaps) zum krönenden Abschluss. Wer nach dem Essen Lust auf eine Zigarette verspürt, muss allerdings vorsichtig sein: Das Rauchen ist im Restaurant in der Regel untersagt; die Bestimmungen werden jedoch nicht immer eingehalten.

Die wichtigsten Redewendungen — *Wendungen*

Können Sie uns ein gutes Restaurant empfehlen?
Pourriez-vous nous recommander un restaurant?
Purjeh-wuh nuh rökomah(n)deh ön(g) restorah(n)

Ich möchte für morgen Abend einen Tisch für zwei Personen reservieren.
Pour demain soir, je voudrais réserver une table pour deux personnes.
Puhr dömäh(n) Boahr, ßö wudrä rehserweh ühn tabl puhr dö perßonn

Herr Ober
Monsieur
Mößjöh

Was empfehlen Sie uns?
Qu'est-ce que vous nous recommandez?
Keskö wuh nuh rökomah(n)deh

Frau Kellnerin
Madame/Mademoiselle
Madam/Madmoasell

Als Vorspeise möchte ich einen Salat.
Comme hors-d'œuvre, je voudrais une salade.
Komm or-döwr, ßö wudrä ühn ßalad

Wein/Sekt

trocken (Sekt und Cidre)
brut
brüt

Haben Sie auch regionale Spezialitäten?
Avez-vous aussi des spécialités régionales?
Aweh-wuh ohßi deh ßpehßjaliteh rehßjonal

(halb-)trocken (Wein)
(demi-)sec
(dömi-)ßek

Welcher Wein passt zum Hauptgang?
Quel vin vous nous conseillez de prendre avec le plat principal?
Kel wäh(n) wuh nuh koh(n)ßejeh dö prah(n)dr aweck le pla präh(n)ßipal

lieblich
doux
du

Die wichtigsten Speisen und Gerichte im Überblick:

hors-d'œuvre/entrées, soupes/potages	or-döwr/ah(n)treh, Bup/potaḡ	Vorspeisen, Suppen
bouillabaisse	bujabäß	Fischsuppe
charcuterie	scharkütri	Wurst, Aufschnitt
consommé	kon(g)ßomeh	Fleischbrühe
consommé de poulet	kon(g)ßomeh dö puleh	Hühnersuppe
crudités	krüditeh	Rohkost
jambon	ḡa(m)bon(g)	Schinken
omelette au fromage	omlett oh fromaḡ	Käseomelette
pâté	pateh	Pastete
pâté en croûte	pateh on(g) krut	Pastete in Brotteig
quiche lorraine	kisch lorähn	Lothringer Speckkuchen
rillettes de porc	rijett dö pohr	Schweinefleisch in Schmalz
salade au chèvre	Balad oh schäwr	Salat mit Ziegenkäse
salade mixte	Balad mixt	gemischter Salat
salade verte	Balad wärt	grüner Salat
saumon fumé	Bomon(g) fümeh	Räucherlachs
soupe à l'oignon	Bup a loanjon(g)	Zwiebelsuppe
soupe de poisson	Bup dö poasson(g)	Fischsuppe
tarte à l'oignon	tart a loanjon(g)	Zwiebelkuchen
terrine	tehrihn	Pastete
poissons, crustacés	poasson(g), krüstaßeh	Fisch, Schalentiere
anguille	ah(n)ḡij	Aal
cabillaud	kabijoh	Kabeljau
carpe	karp	Karpfen
coquilles	kokij	Muscheln
coquilles St.-Jacques	kokij ßäh(n)-ḡak	Jakobsmuscheln
crevettes	kröwett	Garnelen, Krabben
daurade	dohrahd	Goldbrasse
écrevisses	ehkröwiß	Flußkrebse
homard	omahr	Hummer
huîtres	üitre	Austern
langoustes	la(n)ḡust	Langusten
lotte	lott	Seeteufel
loup de mer	lu dö mähr	Seewolf
morue	morü	Stockfisch
moules	mul	Miesmuscheln
rouget	ruḡeh	Rotbarbe
saumon	Bomon(g)	Lachs
sole	Bol	Seezunge
thon	to(n)	Thunfisch
tourteau	turtoh	Taschenkrebs
truite	trüitt	Forelle
truite bleu/meunière	trüitt blö/mönjähr	Forelle blau/Müllerin
turbot	türbo	Steinbutt

viandes	wiah(n)d	**Fleisch**
agneau	an_jo_	Lamm
bœuf	böff	Rindfleisch
canard	ka_nahr_	Ente
cerf	Bär	Hirsch
chevreuil	schäw_röj_	Reh
coq	kock	Hähnchen
dinde	däh(n)d	Truthahn
escalope	eska_lopp_	Schnitzel
gibier	ĝib_jeh_	Wild
grillade	gri_jahd_	Grillteller
lapin	lapäh(n)	Kaninchen
lièvre	li_äwr_	Hase
marcassin	markas_säh(n)_	Frischling
mouton	mu_ton(g)_	Hammel, Schaf
oie	o_a_	Gans
paupiettes	poh_pjett_	Rouladen
porc	pohr	Schweinefleisch
poulet	pu_leh_	Huhn
rôti	ro_ti_	Braten
sanglier	βah(n)gli_jeh_	Wildschwein
steak au poivre	βtäck o po_awr_	Pfeffersteak
steak haché	βtäck a_scheh_	Hacksteak
tournedos	turn_do_	Filetsteak
tripes	trihp	Kutteln
veau	wo	Kalbfleisch
volaille	wo_laj_	Geflügel
légumes, garnitures	leh_güm_, garni_tühr_	**Gemüse, Beilagen**
ail	aij	Knoblauch
artichauts	arti_scho_	Artischocken
asperges	asper_ĝ_	Spargel
chou	schu	Kohl
chou-fleur	schu-flöhr	Blumenkohl
choucroute	schu_krutt_	Sauerkraut
courgettes	kuhr_ĝett_	Zucchini
épinard	ehp_inahr_	Spinat
fenouil	fenujj	Fenchel
gratin dauphinois	grat_äh(n)_ dofin_og_	Kartoffelauflauf
haricots (blancs, verts)	ari_ko_ (blah(n), währ)	Bohnen (weiße, grüne)
lentilles	lah(n)_tij_	Linsen
oignons	oan_jon(g)_	Zwiebeln
pâtes	paht	Nudeln
petits pois	pö_ti_ poa	Erbsen
poivron	poaw_ron(g)_	Paprika
pommes de terre	pomm dö tähr	Kartoffeln
pommes sautées	pomm βo_teh_	Bratkartoffeln
riz	ri	Reis

Essen und Trinken

Die wichtigsten Speisen und Gerichte im Überblick (Fortsetzung):

desserts, pâtisserie	dess_ähr_, patiss_ri_	**Nachtisch, Gebäck**
baba au rhum	ba_ba_ o rom	Hefekuchen mit Rum
beignets	bän_jeh_	Krapfen
charlotte	schar_lott_	Biskuit-Vanillecreme
clafoutis	klafu_ti_	Kirschkuchen
crème bavaroise	krämm bawaro_as_	Vanillecreme
crème brûlée	kräm brül_eh_	Karamelpudding
crêpes	kräp	dünne Pfannkuchen
flan	flah(n)	Pudding
gâteau	ga_toh_	Kuchen
glace	glah_ß_	Eis
île flottante	ill flott_ah(n)t_	Eischnee in Vanillesauce
meringue	mehr_äh(n)g_	Baiser
mousse au chocolat	muß o schoko_la_	Schokoladencreme
parfait	par_fä_	Eisbombe
profiteroles	profi_troll_	Schoko-Windbeutel
sorbet	ßor_beh_	Halbgefrorenes
tarte aux pommes/Tatin	tart o pomm/Tat_äh(n)_	Apfelkuchen

Ich nehme das Menü zu 80 Francs.
Moi, je prends le menu à quatre-vingts francs.
Mo_a_, ßö prah(n) lö men_ü_ a katr-w_äh(n)_ frah(ng)

Für mich ein durchgebratenes Pfeffersteak, bitte.
Pour moi un steak au poivre bien cuit, s'il vous plaît.
Puhr mo_a_ ön(g) ßtäck o poawr bjäh(n) küi, ßil wuh plä

teuer
cher
schähr

Die Rechnung, bitte./Bitte zahlen.
L'addition, s'il vous plaît.
Ladiß_jon(g)_, ßil wuh plä

Das Essen war ausgezeichnet.
Le repas était excellent.
*Lö röp_a_ eht_ä_ exßel_lah(n)_*

preiswert
bon marché
*bon(g) mar_scheh_*

Denken Sie noch an mein Glas Rotwein?
Vous n'auriez pas oublié mon verre de vin rouge?
Wuh nohri_jeh_ pa ubli_jeh_ mon(g) währ dö wäh(n) ruẞ

Im Restaurant

Dialog

Einen Tisch für zwei Personen, bitte.
Une table pour deux personnes, s'il vous plaît.
Ühn tabl puhr dö per_ßonn_, ßil wuh plä

Haben Sie reserviert?
Vous avez réservé?
*Wuhsa_weh_ rehser_weh_*

Nein, leider nicht.
Non, malheureusement pas.
Non(g), malörös_man(g)_ pa

Sie haben Glück. Ein Tisch ist noch frei.
Vous avez de la chance. Il reste une table de libre.
Wuhsa_weh_ dö la schah(n)ß. Il rest ühn tabl dö libr

Bringen Sie uns bitte die Karte.
La carte, s'il vous plaît.
La kart, ßil wuh plä

Folgende Begriffe helfen Ihnen im Restaurant bei der Angabe, wie Sie Ihr Essen wünschen. Machen Sie keine genauere Aussage über den Garzustand des von Ihnen bestellten Fleisches, so wird es in der Regel eher blutig (**saignant**) serviert.

blutig	**saignant**	*Bänj_ah(n)_*
durchgebraten	**bien cuit**	*bjäh(n) küj*
gebacken	**cuit au four**	*küj o fuhr*
gebraten	**rôti**	*ro_ti_*
gedünstet	**étuvé**	*ehtü_weh_*
gefüllt	**farci**	*far_ßi_*
gegrillt	**grillé**	*gri_jeh_*
gekocht	**cuit**	*küj*
geräuchert	**fumé**	*fü_meh_*
hausgemacht	**fait maison**	*fä mäh_son(g)_*
mariniert	**mariné**	*mari_neh_*
rosa gebraten	**à point**	*a po_ä_*
überbacken	**gratiné**	*grati_neh_*

Essen und Trinken

Haben Sie sich entschieden?
Vous avez choisi?
Wuhsa<u>weh</u> schoa<u>si</u>

Zweimal das Gourmet-Menü und als Aperitif zweimal Gläser Champagner, bitte.
Deux menus gourmets et comme apéritif deux verres de champagne, s'il vous plaît.
Dö me<u>nü</u> gur<u>meh</u> et komm apehri<u>tif</u> dö währ dö schah(m)<u>panj</u>, ßil wuh plä

Wünschen Sie auch einen Wein?
Vous prenez aussi du vin?
Wuh pre<u>neh</u> oh<u>ßi</u> dü wäh(n)

Ja, einen guten Rotwein aus dieser Gegend.
Oui, un bon vin rouge de la région.
U<u>i</u>, ön(g) bon(g) wäh(n) ruĝ dö la reh<u>ĝjon(g)</u>

Die Hausmarke ist sehr gut und nicht teuer.
La cuvée du patron est très bonne et pas chère.
La kü<u>weh</u> dü pa<u>tron(g)</u> ä trä bonn eh pa schähr

Das Essen ist ausgezeichnet, Herr Ober.
Le repas est excellent, monsieur.
Lö rö<u>pa</u> ätexel<u>lah(n)</u>, mö<u>ßjöh</u>

Darf ich Ihnen noch etwas bringen?
Vous désirez autre chose?
Wuh dehsi<u>reh</u> ohtr schohs

Zwei Cognac und die Rechnung, bitte.
Deux cognacs et l'addition, s'il vous plaît.
Dö kon<u>jak</u> eh laddi<u>ßjon(g)</u>, ßil wuh plä

Es tut mir leid, aber Kreditkarten nehmen wir nicht an.
Je suis désolé mais nous n'acceptons pas les cartes de crédit.
ĝö ßü<u>i</u> dehso<u>leh</u>, mä nuh nakßep<u>ton(g)</u> pa leh kart dö kreh<u>di</u>

Ausgehen

Die wichtigsten Begriffe

> Begriffe

Aperitif	l'apéritif (m) *lapehri<u>tif</u>*
Bar	le bar *bar*
Bar mit Zigarettenverkauf	le bar-tabac *bar-ta<u>ba</u>*
bestellen	commander *kommah(n)<u>deh</u>*
Bier	la bière *bjähr*
Bier- und Cocktail-Bar	le pub *pöb*
Bier- und Speiselokal	la brasserie *brass<u>rie</u>*
Café	le café/le salon de thé *ka<u>feh</u>/ßa<u>lo</u>n(g) dö teh*
Crêpe-Restaurant	la crêperie *kräpp<u>rie</u>*
essen	manger *mah(n)<u>ǧeh</u>*
Flasche	la bouteille *bu<u>tej</u>*
Gasthaus	l'auberge (f) *loh<u>bärǧ</u>*
Getränke	les boissons (f) *boas<u>son(g)</u>*
Getränkekarte	la carte des boissons *kart deh boas<u>son(g)</u>*

Bier vom Fass
une (bière) pression
ühn (bjähr) präß<u>jon(g)</u>

helles Bier
une (bière) blonde
ühn (bjähr) bloh(n)d

dunkles Bier
une (bière) brune
ühn (bjähr) brün

alkoholfreies Bier
une bière sans alcool
ühn bjähr ßah(n)sal<u>koll</u>

In Bars und Cafés treffen sich die Einheimischen im Allgemeinen vor dem abendlichen Essen, um einen Aperitif zu nehmen. Wer auf einen Besuch im Restaurant ganz verzichten möchte, kann insbesondere im (preiswerteren) Bistrot oder in einer Brasserie kleinere Gerichte bestellen.

Wem der Sinn nach Tanzen steht, wird in einer Bar wenig Aussicht auf Erfolg haben. Neben speziellen Tanzbars (**dancing**) bietet sich eine Reihe von Diskotheken für Tanzwütige jeden Alters an.

Kaffee
schwarz
un café noir
ön(g) kafeh noahr

mit aufgeschäumter Milch
un café crème
ön(g) kafeh krämm

mit Milch
un café au lait
ön(g) kafeh o lä

Espresso
un café express
ön(g) kafeh express

Glas	le verre	
	währ	
Hauswein	la cuvée du patron	
	küweh dü patron(g)	
Imbissbude	le snack	
	ßnack	
Kaffee	le café	
	kafeh	
Kneipe, Café	le bistrot	
	bistro	
Mineralwasser, mit/ohne Kohlensäure	l'eau minérale (f) (non) gazeuse	
	loh minehral/(non(g))gasöhs	
Restaurant	le restaurant/l'auberge (f)	
	restorah(n)/lohbärĝ	
Speisekarte	la carte	
	kart	
Stuhl	la chaise	
	schähs	
Tanzbar	la boîte	
	boatt	
tanzen	danser	
	dah(n)ßeh	
Tee	le thé	
	teh	
Teestube	le salon de thé	
	ßalon(g) dö teh	
Theke	le zinc	
	säh(n)g	
Tisch	la table	
	tabl	
trinken	boire	
	boahr	
Wasser	l'eau (f)	
	loh	
Wein	le vin	
	wäh(n)	
Weinstube	le bar à vin	
	bar a wäh(n)	
zahlen	payer	
	päjeh	

Die wichtigsten Redewendungen

Wendungen

Ist dieser Platz noch frei?
Est-ce que cette place est encore libre?
Eskö ßett plahß ätan(g)kohr libr

Wir möchten gern etwas essen.
Nous voudrions bien manger quelque chose.
Nuh wudrion(g) bjäh(n) mah(n)ğeh kelkö schohs

Ich nehme ein Bier vom Fass.
Une (bière) pression pour moi, s'il vous plaît.
Ühn (bjähr) präßjon(g) puhr moa, ßil wuh plä

Wie teuer ist ein Glas Champagner?
Un verre de champagne, ça coûte combien?
Ön(g) währ dö scha(m)panj, ßa kutt ko(m)bjäh(n)

Stört es Sie, wenn ich rauche?
Ça vous dérange si je fume?
ßa wuh dehrah(n)ğ ßi ğö füm

Herr Ober, die Rechnung bitte/bitte zahlen!
Monsieur, l'addition, s'il vous plaît.
Mößjöh, ladißjon(g), ßil wuh plä

In Frankreich wird das Rauchen zunehmend aus dem öffentlichen Leben verbannt. Während in Deutschland die Nichtraucher oft vergeblich nach einer rauchfreien Zone in Restaurants und Kneipen Ausschau halten, ist die Luft in französischen Gaststätten zumeist deutlich besser. Immer öfter werden spezielle Raucherecken eingerichtet; im Restaurant ist es häufig ganz verboten zu rauchen. Allerdings nehmen es viele Lokalbetreiber nicht so genau mit den Vorschriften.

Auch die Beschaffung von Tabak und Glimmstängeln ist nicht so leicht wie in Deutschland. Zigarettenautomaten gibt es nicht; die Raucher müssen sich in speziell gekennzeichneten Lokalen und Läden (**bar tabac** bzw. **tabac**) eindecken. Diese Verkaufsstellen nehmen in der Regel auch noch weitere Funktionen wahr: Außer einem Gläschen Wein oder Pastis sowie kleineren Snacks kann man dort Telefonkarten (**télécartes**) mit verschieden hohen Wertspeichern erstehen; öffentliche Münzfernsprecher sind in Frankreich fast überall den Kartentelefonen gewichen. Häufig werden in den **magasins de tabac** auch Ansichtskarten und Briefmarken verkauft.

In der Bar

Können wir hier etwas zu essen bekommen?
Est-ce qu'on peut manger ici?
Eskon(g) pö mah(n)ğeh ißi

Aber nur Kleinigkeiten; hier ist die Karte.
Oui, des snacks; tenez, voilà la carte.
Ui, deh ßnack; töneh, woala la kart

Zwei Croques Monsieur, bitte.
Deux croques monsieur, s'il vous plaît.
Dö krock mößjöh, ßil wuh plä

Und was möchten Sie trinken?
Et qu'est-ce que vous voulez boire?
Eh keskö wuh wuleh boahr

Ein Bier vom Fass und einen Orangensaft, bitte.
Une (bière) pression et un jus d'orange, s'il vous plaît.
Ühn (bjähr) präßjon(g) eh ön(g) ğü dorah(n)ğ, ßil wuh plä

Das Essen ist in zehn Minuten fertig.
Le repas sera prêt dans dix minutes.
Lö röpa ßöra prä dah(n) di minütt

Kennen Sie ein gutes Tanzlokal in der Nähe?
Est-ce que vous connaissez une boîte sympa dans ce quartier?
Eskö wuh konnässeh ühn boatt ßäh(m)pa dah(n) ßö kartjeh

Zwei Straßen weiter ist ein gutes Lokal.
Oui, il y en a une deux rues plus loin.
Ui, iljan(g) a ühn dö rü plü loäh(n)

Vielen Dank, wir gehen gleich dahin.
Merci beaucoup, on y va tout de suite.
Merßi boku, oniwa tuttßüitt

Die Weinprobe

Die wichtigsten Begriffe

> Begriffe

Apfelwein	**le cidre** *ßidr*
halbtrocken	**demi-sec** *dömi-ßek*
Hauswein	**la cuvée du patron** *küweh dü patron(g)*
Landwein	**le vin de pays** *wäh(n) dö päi*
lieblich	**doux** *du*
Roséwein	**le rosé** *roseh*
Rotwein	**le vin rouge** *wäh(n) ruß*
Tafelwein	**le vin de table** *wäh(n) dö tabl*
trocken	**sec/brut** *ßek/brüt*
Wein	**le vin** *wäh(n)*
Weinprobe	**la dégustation** *dehgüstaßjon(g)*
Weißwein	**le vin blanc** *wäh(n) blah(ng)*
Winzer	**le vigneron** *winjeron(g)*

eine Flasche
une bouteille
ühn butej

einen halben Liter
un demi-litre
ön(g) dömi-litr

ein Viertel
un quart
ön(g) kahr

einen Krug (Hauswein)
un pichet
ön(g) pischeh

eine Karaffe (Hauswein)
une carafe
ühn karaf

Auf Etiketten von Weinflaschen französischer Winzer finden sich häufig folgende Hinweise:

appellation contrôlée	*apälaßjon(g) koh(n)trohleh*	Qualitätswein
appellation d'origine contrôlée	*apälaßjon(g) doriĝin koh(n)trohleh*	Qualitätswein mit Herkunftskontrolle
cru classé	*krü klasseh*	gute Weinberglage
grand cru	*grah(n) krü*	beste Weinberglage
mis(e) en bouteille au domaine/château	*mie(s) an(g) butej oh domänn/schatoh*	Erzeugerabfüllung
supérieur	*ßüpehriör*	höhere Alkoholstärke

| **Wendungen** | ## Die wichtigsten Redewendungen

Ich möchte eine Weinprobe machen.
Je voudrais faire une dégustation.
gö wudrä fähr ühn dehgüstaßjon(g)

Ich interessiere mich besonders für Rotweine.
Je m'intéresse surtout aux vins rouges.
gö mäh(n)tehress ßürtu o wäh(n) rug

Dieser Wein schmeckt mir sehr gut.
C'est ce vin-là que je trouve très bon.
ßä ßö wäh(n)-la kö gö truhw trä bon(g)

Verkaufen Sie auch Wein nach Deutschland?
Est-ce que vous exportez aussi du vin en Allemagne?
Eskö wuhsexporteh ohßi dü wäh(n) ahnalmanje

Haben Sie auch Bio-Wein?
Avez-vous aussi du vin biologique?
Aweh-wuh ohßi dü wäh(n) bioloğik

Kann ich den Wein nachher abholen lassen?
Je peux envoyer quelqu'un pour aller chercher le vin plus tard?
gö pö ah(n)woajeh kelköh(n) puhr alleh scherscheh lö wäh(n) plü tahr

Dass der französische Wein allgemein als einer der besten der Welt gilt, ist eine Binsenweisheit, die nichtsdestoweniger in den letzten Jahren zunehmend unliebsame Auswirkungen auf die Verbraucher hat. Im Zuge des Wirtschaftsaufschwungs in den asiatischen Staaten entdeckten Industrielle aus Fernost ihre Liebe zu französischen Rotweinen – vor allem zum Bordeaux – und kaufen jährlich große Kontingente auf. Die Folge ist ein rapider Preisanstieg für Spitzenweine, in dessen Sog auch mittelmäßige Tropfen in höhere Preiskategorien aufsteigen. Da auch andere französische Weingebiete von der Nachfrage profitieren und die Preise heraufsetzen, richten die europäischen Konsumenten ihr Interesse verstärkt auf die Weine zuvor weniger arrivierter Länder, z.B. Australien, Bulgarien, Chile und die USA. Wer dennoch auf französischen Wein schwört, der sollte vor Ort selbst nach ansprechenden Weinen Ausschau halten: Schon oft haben sich gerade die Erzeugnisse kleinerer Weingüter zu Geheimtipps entwickelt.

Zu den Weinregionen Frankreichs und ihren wichtigsten Trauben zählen:

Alsace (Elsass)	rot: Pinot Noir
	weiß: Gewürztraminer, Muscat, Pinot Blanc, Pinot Gris, Riesling, Sylvaner
Bordeaux	rot: Cabernet Franc, Cabernet Sauvignon, Merlot
	weiß: Sauvignon, Sémillon
Bourgogne (Burgund)	rot: Gamay, Pinot Noir
	weiß: Aligoté, Chardonnay
Corse (Korsika)	rot: Cabernet Sauvignon, Cinsaut, Grenache, Syrah
	weiß: Rolle
Languedoc	rot: Carignan, Cinsaut, Grenache, Mourvèdre, Syrah
	weiß: Blanc, Bourboulenc, Clairette, Maccabéo
Loire	rot: Cabernet Franc, Gamay
	weiß: Chenin Blanc, Sauvignon Blanc
Provence	rot: Cabernet Sauvignon, Cinsaut, Grenache, Syrah
	weiß: Rolle
Rhône	rot: Grenache, Syrah
	weiß: Marsanne, Roussanne, Viognier
Roussillon	rot: Grenache
	weiß: Grenache Blanc, Maccabéo, Muscat
Sud-Ouest (Südwesten)	rot: Cabernet, Fer, Malbec, Merlot, Négrette, Tannat
	weiß: Gros, Mauzac, Sauvignon, Sémillon

Welches ist Ihr Lieblingswein?
Quel vin est-ce que vous préférez?
Kel wäh(n) eskö wuh prehfehreh

Wurde der Wein in Eichenfässern gelagert?
C'est un vin cultivé en barriques?
Bätön(g) wäh(n) kültiweh an(g) barik

Wie lange kann man ihn lagern?
Jusqu'à quand est-ce qu'on peut le mettre sur chantier?
ğüska kah(n) eskon(g) pö lö metr Bür schah(n)tjeh

Ich möchte zwölf Flaschen davon mitnehmen.
Je voudrais en emporter douze bouteilles.
ğö wudrä ahna(m)porteh duhs butej

Wie viel kostet das?
Ça fait combien?
Ba fä ko(m)bjäh(n)

Bei der Weinprobe

Ich suche einen sehr guten Weißwein.
Je cherche un très bon vin blanc.
ĝö schersch ön(g) trä bon(g) wäh(n) blah(n)

Da kann ich Ihnen gern etwas anbieten.
Möchten Sie auch den Sekt probieren?
**Alors là, je peux vous offrir quelque chose.
Vous voulez aussi goûter le champagne?**
Alohr la, ĝö pö wuhsofrihr kelk schohs. Wuh wuleh ohßi guteh le schah(m)panj

Nein danke. Sonst bin ich gleich betrunken.
Dürfte ich Ihren Weinkeller sehen?
**Non merci. Sinon j'aurai tout de suite la
tête qui tourne. Pourrais-je voir votre cave?**
Non(g) merßi. ßinon(g) ĝorä tuttßüitt la tätt ki turn. Purrä-ĝö woahr wotr kahw

Natürlich. Machen wir eine Führung.
Naturellement. Visitons-la.
Natürellman(g). Wisiton(g)-la

Das war sehr interessant. Vielen Dank.
C'était très intéressant. Merci beaucoup.
ßehtä träsäh(n)tehressah(n). Merßi boku

Wissen Sie schon, ob Sie etwas kaufen möchten?
**Vous savez déjà si vous voulez acheter
quelque chose?**
Wuh ßaweh dehĝa ßi wuh wuleh aschteh kelk schohs

Ich nehme sechs Kisten von diesem Weißwein.
**Je prends six caisses de ce vin blanc, s'il vous
plaît.**
ĝö prah(n) ßi käss dö ßö wäh(n) blah(n), ßil wuh plä

Einkaufen

Die Geschäfte sind im Allgemeinen von dienstags bis samstags zwischen 9 und 19 Uhr geöffnet; montags haben die Läden am Vormittag in der Regel geschlossen. Die Mittagspause dauert zumeist von 12 bis 15 Uhr, mancherorts wird sie bis 16 Uhr ausgedehnt. Dafür verlängern viele Ladenbesitzer die Öffnungszeiten bis über 20 Uhr hinaus. In vielen Großstädten – und dort besonders in den größeren Geschäften – sowie in einem Teil der großen Supermärkte wird hingegen häufig ganz auf eine Mittagspause verzichtet und zum Teil bis 22 Uhr verkauft.
Bäckereien, Metzgereien und kleinere Lebensmittelläden haben in der Regel auch Sonntagvormittag geöffnet.

Die wichtigsten Begriffe

Begriffe

Andenkenladen	le magasin de souvenirs
	maga<u>säh(n)</u> dö ßuw<u>nir</u>
Antiquitäten	les antiquités (f)
	ah(n)tiki<u>teh</u>
Apotheke	la pharmacie
	farma<u>ßi</u>
Bäckerei	la boulangerie
	bulah(n)<u>ǧri</u>
Blumenhändler	le fleuriste
	flö<u>rist</u>
Buchhandlung	la librairie
	librä<u>ri</u>
CD-Laden	le magasin de CD
	maga<u>säh(n)</u> dö ße<u>de</u>
Drogerie	la droguerie
	drog<u>ri</u>
Elektrohandlung	le magasin d'électroménager
	maga<u>säh(n)</u> dehlektromehna<u>ǧeh</u>
Fischgeschäft	la poissonnerie
	poassonn<u>ri</u>
Fleischerei	la boucherie/la charcuterie
	busch<u>ri</u>/scharkü<u>tri</u>
Gemüsehändler	le marchand de légumes
	mar<u>schah(n)</u> dö leh<u>güm</u>

Wo ist der nächste …?
Où est le/la … le/la plus proche?
U ä lö/la … lö/la plü prosch

Können Sie mir … empfehlen?
Pourriez-vous me recommander …?
Purjeh-<u>wuh</u> mö rökom-mah(n)<u>deh</u>

	Juwelier	**le bijoutier**
		biğutjeh
offen	Kaufhaus	**le grand magasin**
ouvert		*grah(n) magasäh(n)*
uwähr	Lebensmittel-	**l'épicerie (f)**
	geschäft	*lehpißri*
geschlossen	Milchladen	**la crémerie**
fermé		*krämmri*
fermeh	Mode	**la mode**
		mohd
Betriebsferien	Obstgeschäft	**la fruiterie**
vacances collectives		*früitri*
wakah(n)ß kollektiw	Parfümerie	**la parfumerie**
		parfümri
	Schreibwaren-	**la papeterie**
	handlung	*papätri*
	Schuhgeschäft	**le magasin de chaussures**
		magasäh(n) dö schoßühr
	Spielwarenladen	**le magasin de jouets**
		magasäh(n) dö ğueh
	Sportgeschäft	**le magasin de sport**
		magasäh(n) dö ßpor
	Supermarkt	**le supermarché**
		ßüpermarscheh
	Süßwarenladen	**la confiserie**
		ko(ng)fisri
	Tabakwaren-	**le bureau de tabac**
	laden	*büroh dö taba*
	Uhrenladen	**l'horlogerie (f)**
		lorloğri
	Zeitungshändler	**le marchand de journaux**
		marschah(n) dö ğurno

Die folgenden Vokabeln könnten Sie beim Einkaufen in Frankreich außerdem benötigen:

Ausverkauf	**les soldes (f)**	*ßold*
bedienen	**servir**	*ßerwihr*
Mehrwertsteuer	**TVA**	*te we a*
Schaufenster	**la devanture/la vitrine**	*döwah(n)tühr/witrin*
Selbstbedienung	**self-service/libre-service**	*ßelf-ßerwiß/libr-ßerwiß*
Sonderangebot	**offre spéciale/la promotion**	*loffr ßpehßjal/promoßjon(g)*

Die wichtigsten Redewendungen

Wendungen

Beim Betreten

Ich suche ...
Je cherche ...
gö schersch

Kann ich mir ... ansehen?
Puis-je regarder ...?
Püi-gö rögardeh

Ich sehe mich nur um.
Je regarde seulement.
gö rögard ßöllman(g)

In französischen Geschäften wird immer mehr dazu übergegangen, die Waren bargeldlos zu bezahlen. Kreditkarten werden fast überall akzeptiert; scheuen Sie sich also nicht, auch kleinere Einkäufe mit dem Plastik-Kärtchen abzurechnen.
Ein Tipp: Auch an den Mautstellen französischer Autobahnen kann schnell und problemlos mit Kreditkarten bezahlt werden. Dazu ist es nicht nötig, eine Unterschrift zu leisten: Der Kassierer nimmt die Karte entgegen und gibt sie mitsamt einem Quittungsbeleg zurück.

Einkaufen

Beim Bezahlen

Ich zahle bar.
Je paie en espèces.
gö pä ahnespäß

Nehmen Sie auch Kreditkarten?
Vous acceptez des cartes de crédit?
Wuhsakßepteh deh kart dö krehdi

Bitte eine Quittung.
Un reçu, s'il vous plaît.
Ön(g) rößü, ßil wuh plä

Ich glaube, Sie haben sich verrechnet.
Je crois que vous avez fait une erreur de calcul.
gö kroa kö wuhsaweh fätühn eröhr dö kalkül

Sie haben mir zu wenig herausgegeben.
Vous ne m'avez pas rendu assez.
Wuh nö maweh pa rah(n)dü aßeh

Im Laden

Ich möchte das hier gerne kaufen.
Je voudrais acheter ça, s'il vous plaît.
ğö wu<u>drä</u> asch<u>teh</u> <u>ßa</u>, ßil wuh plä

Kein Problem. Soll ich es Ihnen einpacken?
Bien sûr. Je vous l'emballe?
Bjäh(n) Bür. ğö wuh lah(m)<u>ball</u>

Das wäre nett.
Ce serait gentil.
Bö Bö<u>rä</u> ğah(n)<u>ti</u>

Möchten Sie es verschenken?
C'est un cadeau?
Bätön(g) ka<u>do</u>

Ja.
Oui.
U<u>i</u>

Dann nehme ich Geschenkpapier.
Alors je prends du papier de cadeau.
A<u>lohr</u> ğö prah(n) dü pa<u>pjeh</u> dö ka<u>do</u>

Kann ich mit Kreditkarte bezahlen?
Je peux payer avec ma carte de crédit?
ğö pö pä<u>jeh</u> a<u>weck</u> ma kart dö kreh<u>di</u>

Selbstverständlich. Die meisten Kunden bezahlen so.
Bien sûr. La plupart des clients paient comme ça.
Bjäh(n) Bür. La plü<u>pahr</u> deh kli<u>ah(n)</u> pä komm ßa

Vielen Dank. Auf Wiedersehen.
Merci beaucoup. Au revoir.
Mer<u>ßi</u> bo<u>ku</u>. Oh röwo<u>ahr</u>

Im Supermarkt

Zum Einkauf von Lebensmitteln stehen in Frankreich zum einen die Fachgeschäfte in den Ortszentren zur Verfügung, zum anderen die großen Supermärkte »auf der grünen Wiese« an den Orts- bzw. Stadträndern. Diese Einkaufszentren haben ein weitaus breiteres Angebot (über Lebensmittel hinaus) als die vereinzelt in den Orten zu findenden kleineren Supermärkte und sind preisgünstiger, wenn auch weniger »atmosphärisch«. Einige Läden in den Innenstädten bieten bis spät am Abend ein kleines Lebensmittelangebot an.

Die wichtigsten Begriffe

Begriffe

Babynahrung	**la nourriture pour bébés** *nuri<u>tühr</u> puhr beh<u>beh</u>*
Biokost	**la nourriture biologique** *nuri<u>tühr</u> biolo<u>ğik</u>*
Bier	**la bière** *bjähr*
Brot	**le pain** *päh(n)*
Brötchen	**les petits pains (m)** *pö<u>ti</u> päh(n)*
Butter	**le beurre** *böhr*
Ei	**l'œuf (m)** *löff*
Fisch	**le poisson** *poas<u>son</u>(g)*
Fleisch	**la viande** *wi<u>ah</u>(n)d*
Geflügel	**la volaille** *wo<u>laj</u>*
Gemüse	**les légumes (m)** *leh<u>güm</u>*
Gewürze	**les épices (f)** *eh<u>piß</u>*
Honig	**le miel** *mjel*
Joghurt	**le yaourt** *ja<u>uhrt</u>*

Wo finden wir …?
Où est-ce qu'on trouve …?
U eskon(g) truhw

Geben Sie mir bitte …
Donnez-moi …, s'il vous plaît.
Donneh-mo<u>a</u> …, ßil wuh plä

Einkaufen

Käse	le fromage	*fromaǧ*
Kaffee	le café	*kafeh*
Kakaopulver	le cacao en poudre	*kakao an(g) pudr*
Konserven	les conserves (f)	*koh(n)ßerw*
Kuchen	le gâteau	*gatoh*

Wenn Sie sich in einem Laden mit Hilfe suchendem Blick an einen der Angestellten wenden, wird er Sie fragen, was Sie wünschen: **Vous désirez?** *(Wuh dehsireh)*. Sie antworten mit **Je voudrais ...** *(ǧö wudrä* = ich möchte ...) oder mit **Donnez-moi ...** *(Donneh-moa* = Geben Sie mir ...).

eine Dose	une boîte de ...	*ühn boatt dö*
eine Flasche	une bouteille de ...	*ühn butej dö*
ein Glas	un pot de ...	*ön(g) po dö*
eine Packung	un paquet de ...	*ön(g) pakäh dö*
eine Tube	un tube de ...	*ön(g) tüb dö*

Limonade	la limonade	*limonad*
Margarine	la margarine	*margarihn*
Marmelade	la confiture	*kon(g)fitühr*
Mehl	la farine	*farihn*
Milch	le lait	*lä*
Nudeln	les pâtes (f)	*paht*
Obst	les fruits (m)	*früi*
Öl	l'huile (f)	*lüil*
Reis	le riz	*ri*
Saft	le jus	*ǧü*

Sahne	la crème
	krämm
Salz	le sel
	ßell
Schokolade	le chocolat
	schokola
Spirituosen	les spiritueux (m)
	ßpiritüö
Suppe	la soupe/le potage
	ßup/potaǧ
Süßigkeiten	les sucreries/la confiserie
	ßükreri/ko(ng)fiseri
Tee	le thé
	teh
Tiefkühlkost	les produits surgelés (m)
	prodüi ßürǧöleh
Wein	le vin
	wäh(n)
Wurst	la charcuterie
	scharkütri
Zucker	le sucre
	ßükr

Die wichtigsten Redewendungen *Wendungen*

Wo ist der nächste Supermarkt?
Où est le supermarché le plus proche?
U ä lö ßüpermarscheh lö plü prosch

Wann öffnen/schließen Sie?
Quand est-ce que vous ouvrez/fermez?
Kon(g) eskö wuhsuwreh/fermeh

Können Sie mir zeigen, wo hier ... ist?
Pourriez-vous me montrer où se trouve ...?
Purjeh-wuh mö mohntreh u ßö truhw

Haben Sie eine Tragetasche?
Auriez-vous un sachet?
Ohrijeh-wuh ön(g) ßascheh

Im Supermarkt

Wo finde ich alkoholische Getränke?
Où se trouvent les boissons alcooliques?
U ßö truhw leh boasson(g) alkollik

In der letzten Regalreihe am Kopfende.
Au bout du dernier rayon.
Oh buh dü dernjeh räjon(g)

Stimmt es, dass ausländisches Bier in Frankreich so teuer ist?
C'est vrai que la bière étrangère est si chère en France?
Bä wrä kö la bjähr ehtrah(n)gähr ä ßi schähr an(g) Frah(n)ß

Woher kommen Sie?
Vous venez d'où?
Wuh wöneh du

Aus Deutschland.
D'Allemagne.
Dallmanje

Das deutsche Bier ist hier deutlich teurer.
Elle est beaucoup plus chère ici, la bière allemande.
El ä boku plü schähr ißi, la bjähr allmah(n)d

Daran läßt sich wohl nichts ändern, aber auf mein Bier verzichten möchte ich auch nicht.
Je n'y peut rien changer. Mais renoncer à ma bière, ça, je ne veux pas non plus.
gö ni pö riäh(n) schah(n)geh. Mä rönon(g)ßeh a ma bjähr, ßa, gö nö wö pa non(g) plü

Die Deutschen sind verrückt!
Ils sont fou, les Allemands!
Il ßon(g) fu, lehsallman(g)

Auf dem Markt

Die wichtigsten Begriffe

Begriffe

Gemüse

Artischocke	l'artichaut (m) *lartischo*
Aubergine	l'aubergine (f) *lohbärgihn*
Avocado	l'avocat (m) *lawoka*
Blumenkohl	le chou-fleur *schu-flör*
Bohnen	les haricots (m) *ariko*
Brokkoli	le brocoli *brokoli*
Erbsen	les petits pois (m) *pöti poa*
Gurke	le concombre *kon(g)koh(m)br*
Kartoffeln	les pommes (f) de terre *pomm dö tähr*
Knoblauch	l'ail (m) *laij*
Kohl	le chou *schu*
Kopfsalat	la laitue *lätü*
Lauch	le poireau *poaro*
Mais	le maïs *mais*

Gemüse
les légumes (m)
lehgüm

Geben Sie mir bitte ...
Donnez-moi ..., s'il vous plaît
Donneh-moa ..., ßil wuh plä

Einkaufen

Sowohl in den Städten als auch auf dem Land gibt es in Frankreich Märkte, auf denen man (fast) alles kaufen kann – insbesondere frische Waren wie Obst, Gemüse, Fleisch und Fisch sowie Blumen, aber häufig auch Kleidung, Schuhe und Geschenke. Einmal pro Woche ist in jeder Stadt Markttag (**marché**), häufig gibt es sogar mehrere Markttage. Auskunft über Zeitpunkt und Ort erteilt die örtliche Touristeninformation.
Um Preise zu feilschen gilt nicht als unhöflich; auf Floh- und Trödelmärkten (**marché aux puces**, **brocante**) wird es sogar erwartet.

Geben Sie mir bitte ... **Donnez-moi ..., s'il vous plaît** *Donneh-moa ..., ßil wuh plä*	Möhre	la carotte *karott*
	Paprika	le poivron *poawroh(n)*
	Petersilie	le persil *perßil*
	Pilz	le champignon *scha(m)pinjon(g)*
	Schnittlauch	la ciboulette *ßibulett*
	Spargel	l'asperge (f) *lasperğ*
	Spinat	les épinards (m) *lehsehpinahr*
	Tomaten	les tomates (f) *tomatt*
	Zucchini	les courgettes (f) *kuhrğett*
	Zwiebel	l'oignon (m) *loanjon(g)*

Einen großen Teil ihres internationalen Renommees verdankt die französische Küche den heimischen landwirtschaftlichen Produkten – und dabei vor allem dem Gemüse. Die arme Landbevölkerung war vor allem in Zeiten wirtschaftlicher Not auf die Produkte der Natur angewiesen. So entwickelte sich insbesondere in Südfrankreich eine Küche, die mit einfachsten Zutaten auskommt und auf den Eigengeschmack des selbst gezogenen Gemüses setzt – beispielsweise bei der Ratatouille, dem traditionellen Gemüseeintopf in der Provence. Auch das selbst gepreßte Olivenöl darf in der ländlichen Küche nicht fehlen.
Den Eigengeschmack heimischer Produkte stellte in den 70er und 80er Jahren auch eine neue Richtung der französischen Spitzengastronomie in den Mittelpunkt: die Nouvelle Cuisine. Zu ihren Vorreitern zählte u. a. der französische Starkoch Paul Bocuse.

Obst Obst **les fruits (m)** *früi*	Ananas	l'ananas (m) *lanana*
	Apfel	la pomme *pomm*
	Apfelsine	l'orange (f) *lohrah(n)ğ*
	Aprikose	l'abricot (m) *labriko*

Banane	la banane
	ba<u>nan</u>
Birne	la poire
	po<u>ahr</u>
Erdbeere	la fraise
	frähs
Feige	la figue
	fig
Himbeere	la framboise
	frah(m)bo<u>as</u>
Johannisbeere	le cassis
	kas<u>sis</u>
Kirsche	la cerise
	ße<u>rihs</u>
Kokosnuss	la noix de coco
	no<u>a</u> dö ko<u>ko</u>
Mandarine	la mandarine
	ma(n)da<u>rihn</u>
Pfirsich	la pêche
	päsch
Pflaume	la prune
	prün
Weintraube	le raisin
	rä<u>säh(n)</u>
Zitrone	le citron
	ßi<u>troh(n)</u>

Filet	le filet
	fi<u>läh</u>
Hackfleisch	la viande hachée
	wi<u>ah(n)</u>d a<u>scheh</u>
Hammelfleisch	le mouton
	mu<u>toh(n)</u>
Kalbfleisch	le veau
	wo
Kotelett	la côtelette
	koht<u>lett</u>
Leber	le foie
	fo<u>a</u>
Rindfleisch	le bœuf
	böff

Fleisch

Fleisch
la viande
wi<u>ah(n)</u>d

Einkaufen

| | Schinken | le jambon
ğah(m)<u>bon(g)</u> |
|---|---|---|
| | Schinken gekocht | le jambon cuit
ğah(m)<u>bon(g)</u> kü<u>i</u> |
| | Schinken roh | le jambon cru
ğah(m)<u>bon(g)</u> krü |
| | Schweinefleisch | le porc
pohr |
| | Speck | le lard
lahr |
| | Steak | le steak
ßtäck |
| | Wurstaufschnitt | la charcuterie
scharkü<u>tri</u> |
| | Würstchen | la saucisse
ßo<u>ßiß</u> |

Wild

Wild
le gibier
ğib<u>jeh</u>

| Hirsch | le cerf
ßer |
|---|---|
| Kaninchen | le lapin
lapäh(n) |
| Reh | le chevreuil
sche<u>wröj</u> |
| Wildschwein | le sanglier
ßah(n)gli<u>jeh</u> |

Geflügel

Geflügel
la volaille
wol<u>aj</u>

| Ente | le canard
kan<u>ahr</u> |
|---|---|
| Gans | l'oie (f)
o<u>a</u> |
| Huhn | le poulet
pu<u>leh</u> |

Fisch/Schalentiere

Fisch/Schalentiere
le poisson/les crustacés
poas<u>son(g)</u>/krüsta<u>ßeh</u>

| Aal | l'anguille (f)
lah(n)<u>gij</u> |
|---|---|
| Austern | les huîtres (f)
ü<u>itre</u> |
| Forelle | la truite
trü<u>it</u> |
| Garnelen | les crevettes (f)
krö<u>wett</u> |

Kabeljau	le cabillaud
	kabijo
Krabben	les crabes (m)
	krab
Lachs	le saumon
	ßomoh(n)
Miesmuscheln	les moules (f)
	mul
Rotbarbe	le rouget
	ruğäh
Sardinen	les sardines (f)
	sardihn
Schellfisch	l'aiglefin (m)
	läglöfäh(n)
Seeteufel	la lotte de mer
	lott dö mähr
Seezunge	la sole
	ßol
Thunfisch	le thon
	toh(n)

Frankreich ist das Land des Käses. In keinem Land der Welt werden mehr Sorten angeboten; die Zahl der originär französischen Arten wird auf etwa 450 geschätzt. Ihr Augenmerk legen die Franzosen dabei auf Rohmilchkäse. Sie werden aus naturbelassener Milch hergestellt; industriell gefertigte Sorten aus behandelter Milch sind dem Gourmet hingegen ein Gräuel.

Käse

Käse
le fromage
fromağ

Blauschimmelkäse	le bleu
	blö
Greyerzer	le gruyère
	grüjähr
Grünschimmelkäse	le roquefort
	rockfohr
Quark	le fromage blanc
	fromağ blah(n)
Rohmilchkäse	le fromage au lait cru
	fromağ o lä krü
Schafskäse	le fromage de brebis
	fromağ dö brebi
Ziegenkäse	le fromage de chèvre
	fromağ dö schäwr

| Wendungen | Die wichtigsten Redewendungen |

Fragen an den Kunden

Wer ist der Nächste bitte?
C'est à qui?
ßäta ki

Kann ich Ihnen helfen?
Est-ce que je peux vous aider?
Eskö ğö pö wuhsädeh

Sonst noch etwas?
Et avec ça?
E aweck ßa

Darf es etwas weniger/mehr sein?
Un peu moins/plus?
Ön(g) pö moäh(n)/plüß

Es ist leider ausgegangen.
Je suis désolé(e), mais on n'en a plus.
ğö ßüi dehsoleh, mä on(g) nahna plü

Wünsche

Ich hätte gerne ein Pfund Kartoffeln.
Je voudrais une livre de pommes de terre.
ğö wudrä ühn lihwr dö pomm dö tähr

Bitte geben Sie mir ein Kilo Äpfel.
Donnez-moi un kilo de pommes, s'il vous plaît.
Donneh-moa ön(g) kiloh dö pomm, ßil wuh plä

Was ist das?
Qu'est-ce que c'est?
Keskö ßä

Kann ich davon etwas probieren?
Je peux goûter?
ğö pö guteh

Etwas mehr, bitte.
Un peu plus, s'il vous plaît.
Ön(g) pö plüß, ßil wuh plä

Etwas weniger, bitte.
Un peu moins, s'il vous plaît.
Ön(g) pö mo<u>äh(n)</u>, ßil wuh plä

Danke, das ist alles.
Merci, c'est tout.
Mer<u>ßi</u>, ßä tu

Auf dem Markt

Wer ist der Nächste, bitte?
C'est à qui?
Bäta <u>ki</u>

Ich bin an der Reihe.
C'est à moi.
Bäta mo<u>a</u>

Was darf ich Ihnen geben?
Vous désirez?
Wuh dehs<u>ireh</u>

Ich hätte gern ein Kilo Äpfel.
Je voudrais un kilo de pommes.
ßö wu<u>drä</u> ön(g) ki<u>lo</u> dö pomm

Welche Sorte wünschen Sie?
Lesquelles?
Leh<u>kell</u>

Diese hier, bitte.
Celles-là, s'il vous plaît.
ßell-<u>la</u>, ßil wuh plä

Sie haben eine gute Wahl getroffen.
Diese Äpfel kommen aus dieser Gegend.
Vous avez fait un bon choix. Elles viennent d'ici, ces pommes.
Wuhsa<u>weh</u> fä ön(g) bon(g) scho<u>a</u>. El wjenn di<u>ßi</u>, ßeh pomm

Haben Sie sie selbst geerntet?
Vous les avez récoltées vous-même?
Wuh lehsa<u>weh</u> rehkol<u>teh</u> wuh-<u>mäm</u>

Ja, wir haben eine Plantage im Nachbarort.
Oui, nous avons une ferme au village voisin.
Ui, nuhsa<u>won(g)</u> ühn ferm oh willa<u>g</u> woa<u>säh(n)</u>

Es gibt nichts Besseres als frisches Obst.
Il n'y a rien de mieux que les fruits tous frais.
Il ni<u>a</u> riäh(n) mj<u>ö</u> kö leh frü<u>i</u> tu frä

Das stimmt. Haben Sie noch einen Wunsch?
C'est vrai. Vous désirez autre chose?
Bä wrä. Wuh dehs<u>ireh</u> ohtr schohs

Sind die Weintrauben süß?
Les raisins sont sucrés?
Leh räs<u>äh(n)</u> ßon(g) ßü<u>kreh</u>

Ja, aber probieren Sie selbst.
Oui. Mais goûtez-les vous-même.
Ui. Mä guteh-<u>leh</u> wuh-<u>mäm</u>

Vielen Dank. Die sind sehr lecker.
Merci beaucoup. Ils sont très bons.
Mer<u>ßi</u> bo<u>ku</u>. Il ßon(g) trä bon(g)

Wie viel hätten Sie gerne?
Combien vous en voulez?
Ko(m)bjäh(n) wuhsan(g) wul<u>eh</u>

Geben Sie mir ein gutes Kilo.
Donnez-moi un bon kilo.
Donneh-mo<u>a</u> ön(g) bon(g) ki<u>lo</u>

Das macht 24 Franc. Vielen Dank.
Ça fait 24 francs. Merci beaucoup.
Ba fä wäh(n)<u>kattr</u> frah(ng). Mer<u>ßi</u> bo<u>ku</u>

In der Drogerie

Die wichtigsten Begriffe

Begriffe

Babyöl	l'huile (f) pour bébés
	lüil puhr beh<u>beh</u>
Bürste	la brosse
	bross
Damenbinde	la serviette hygiénique
	ßer<u>wjett</u> i<u>ãjehnik</u>
Deo	le déodorant
	deodo<u>rah(n)</u>
Fleckentferner	le dégraisseur
	dehgräs<u>sör</u>
Haargel	le gel coiffant
	ğel koaf<u>fah(n)</u>
Haarklammer	la pince à cheveux
	päh(n)ß a schwö
Haarspray	la laque (à cheveux)
	lak (a schwö)
Handcreme	la crème de soins pour mains
	krämm dö ßo<u>äh(n)</u> puhr mäh(n)
Hautcreme	la crème de soins
	krämm dö ßo<u>äh(n)</u>
Kamm	le peigne
	pänje
Kondome	les préservatifs (m)
	prehserwa<u>tif</u>
Lidschatten	l'ombre (f) à paupières
	lohmbr a poh<u>pjähr</u>
Lippenstift	le rouge à lèvres
	ruğ a läwre
Lockenwickler	le bigoudi
	bigu<u>di</u>
Make-up	le make-up
	mäk-<u>ap</u>
Nachtcreme	la crème de nuit
	krämm dö nü<u>i</u>

Hautcreme
– für trockene Haut
pour peau sèche
puhr poh ßäsch
– für fettige Haut
pour peau grasse
puhr poh grass
– für normale Haut
pour peau normale
puhr poh nor<u>mal</u>

	Nagelbürste	la brosse à ongles *broß a oh(n)gl*
	Nagelfeile	la lime à ongles *lihm a oh(n)gl*
	Nagellack	le vernis à ongles *werni a oh(n)gl*
Ich möchte … **Je voudrais …** *ßö wudrä*	Nagellack- entferner	le dissolvant *dissolwah(n)*
	Nagelschere	les ciseaux (m) à ongles *ßisoh a oh(n)gl*
	Papiertaschen- tücher	les mouchoirs (m) en papier *muschoahr an(g) papjeh*
	Parfüm	le parfum *parföh(n)*
	Pflaster	le sparadrap *ßparadra*
Wie viel kostet das? **Ça coûte combien?** *ßa kutt ko(m)bjäh(n)*	Pinzette	la pince *päh(n)ß*
	Puder	la poudre *pudr*
	Rasierapparat	le rasoir *rasoahr*
	Rasiercreme	la crème à raser *krämm a raseh*
	Rasierklinge	la lame de rasoir *lam dö rasoahr*
Haben Sie auch …? **Avez-vous aussi …?** *Aweh-wuh ohßi*	Rasierschaum	la mousse à raser *muhß a raseh*
	Schnuller	la sucette *ßüßett*
	Schwamm	l'éponge (f) *lehpo(n)ğ*
	Seife	le savon *ßawo(n)*

Wie in Deutschland verfügen auch die meisten Supermärkte in Frankreich über ein umfangreiches Angebot an Drogerieartikeln, insbesondere an Wasch- und Spülmitteln sowie an Artikeln zur Körperpflege. Auch von Haushaltswaren über Kleidung bis hin zu Büchern und Elektrogeräten reicht das Angebot in den großen Supermarktketten, die zumeist in Randlagen von Städten und größeren Ortschaften angesiedelt sind.

Shampoo	le shampooing *schah(m)poähn(g)*	**Shampoo** –für fettiges Haar **pour cheveux gras** *puhr schwö gra* –für normales Haar **pour cheveux normaux** *puhr schwö normoh* –gegen Schuppen **anti-pelliculaire** *ohnti-pellikülähr*
Sonnenöl	l'huile (f) solaire *lüil ßolähr*	
Spiegel	le miroir *miroahr*	
Spülmittel	le produit vaisselle *prodüi wäßell*	
Spültuch	la lavette *lawett*	
Tagescreme	la crème de jour *krämm dö ğuhr*	
Tampons	les tampons (m) *tah(m)pon(g)*	
Taschentücher	les muchoirs (m) *muschoahr*	
Toilettenpapier	le papier hygiénique *papjeh iğjehnik*	

Die meisten bei uns erhältlichen Sonnenöle bekommen Sie auch in Frankreich. Auch die Lichtschutzfaktoren – **le facteur de protection solaire** *(faktör dö protekßjon(g) ßolähr)* – entsprechen den bei uns gebräuchlichen.

Waschlappen	le gant de toilette *gah(n) dö toalett*
Waschmittel	la lessive *lessiw*
Watte	le coton *kotoh(n)*
Wattestäbchen	les cotons-tiges (m) *kotoh(n)-tiğ*
Wimperntusche	le rimmel *rimel*
Windeln	les couches (f) *kusch*
Zahnbürste	la brosse à dents *bross a dah(n)*
Zahnpasta	le dentrifice *dah(n)tifrihß*
Zahnstocher	le cure-dent *kühr-dah(n)*

In der Drogerie

Haben Sie Sonnenöl mit hohem Lichtschutzfaktor?
Vous avez de l'huile solaire qui protège bien?
Wuhsaweh dö lüil Bolähr ki protäg̃ bjäh(n)

Ich kann Ihnen diese Creme empfehlen.
Je peux vous recommander cette crème-là.
g̃ö pö wuh rökommah(n)deh ßett krämm-la

Ist sie auch für Kinder geeignet?
On peut aussi l'appliquer sur la peau des enfants?
On(g) pö ohßi laplikeh ßür la po dehsah(n)fah(n)

Ja, aber Sie sollten sie nicht zu dünn auftragen.
Oui, mais vous devez la mettre bien épais.
Ui, mä wuh döweh la mettr bjäh(n) ehpä

Haben Sie auch etwas gegen Sonnenbrand?
Vous avez aussi quelque chose contre les coups de soleil?
Wuhsaweh ohßi kelk schohs koh(n)tr leh ku dö ßolej

Diese Salbe hier ist ausgezeichnet.
Cette pommade est excellente.
ßett pomad ätexellah(n)t

Die kenne ich von zu Hause. Haben Sie nichts anderes?
Je la connais de chez moi. Vous n'avez pas autre chose?
g̃ö la konnä dö scheh moa. Wuh naweh pa ohtr schohs

Nein, tut mir leid.
Non, je suis désolé.
Non(g), g̃ö ßüi dehsoleh

Tabak- und Schreibwaren

Die wichtigsten Begriffe

Begriffe

Tabakwaren

Feuerzeug	le briquet *brikäh*	
Pfeife	la pipe *pip*	
Pfeifentabak	le tabac pour la pipe *taba puhr la pip*	
Streichhölzer	les allumettes (f) *allümett*	
Tabak	le tabac *taba*	
Zigaretten	les cigarettes (f) *ßigarett*	
Zigarillos	les cigarillos (m) *ßigarijo*	
Zigarre	le cigare *ßigahr*	

Zigaretten
– mit/ohne Filter
avec/sans filtres
aweck/ßah(n) filtr

In Frankreich werden Tabakwaren nicht in Supermärkten verkauft, auch Zigarettenautomaten sucht der Raucher vergeblich. Glimmstängel, Tabak und sonstiges Zubehör können nur in speziell gekennzeichneten Tabakwarenläden (**magasins de tabac** – *magasäh(n) dö taba*) erstanden werden. In diesen Geschäften werden auch Schreibwaren und Zeitungen sowie Telefonkarten, Ansichtspostkarten und zumeist auch Briefmarken angeboten. Darüber hinaus gibt es die sog. **bar-tabac** (*bar-taba*): In dieser Bar, in der ebenfalls Tabakwaren verkauft werden dürfen, trinken die Einheimischen gern ihren abendlichen Aperitif.

Schreibwaren

Ansichtskarte	la carte postale *kart postal*	
Bleistift	le crayon *kräjoh(n)*	
Bilderbuch	le livre d'images *lihwr dimağ*	
Briefmarke	le timbre *täh(m)br*	
Briefpapier	le papier à lettres *papjeh a lettr*	

Briefumschlag	l'enveloppe (f)
	lah(n)wlopp
Buch	le livre
	lihwr
Buntstift	le crayon de couleur
	kräjoh(n) dö kulör
Geschenkpapier	le papier cadeau
	papjeh kado

Im Schreibwarenladen bekommen Sie neben Reiseführern aus Ihrer Urlaubsregion auch vielfältiges Kartenmaterial der jeweiligen Gegend. Bevor Sie zu kleinteiligen Karten Ihrer Urlaubsregion greifen, sollten Sie sich einen Straßenatlas (**carte routière** – *kart rutjähr*) kaufen, der das gesamte Land in großem Kartenmaßstab abdeckt. Der Preis ist im Vergleich zu den Kosten von Einzelkarten ebenfalls recht günstig. Detailliertere Karten eignen sich vor allem für Urlauber, die mit dem Rad unterwegs sind oder gern ausgedehnte Wanderungen auf kleinen Pfaden unternehmen.

Klebstoff	la colle
	koll
Klebeband	le ruban adhésif
	rübah(n) adehsif
Kugelschreiber	le crayon à bille
	kräjoh(n) a bij
Notizblock	le carnet
	karnäh
Papier	le papier
	papjeh
Radiergummi	la gomme
	gomm
Radlerkarte	la carte pour cyclistes
	kart puhr ßiklist
Reiseführer	le guide
	gid
Spielkarten	les cartes (f) à jouer
	kart a ĝueh
Stadtplan	le plan de la ville
	plah(n) dö la will
Straßenkarte	la carte routière
	kart rutjähr
Taschenbuch	le livre de poche
	lihwr dö posch

Wanderkarte	**la carte pour randonnées pédestres**
	kart puhr rah(n)donneh pehdestr
Wörterbuch	**le dictionnaire**
	dikßjonnähr
Zeitschrift	**la revue/le magazine**
	röwü/magasihn
Zeitung	**le journal**
	ḡurnal

Die wichtigsten Redewendungen

Wendungen

Eine Schachtel/Stange ..., bitte.
Un paquet/Une cartouche de ..., s'il vous plaît.
Ön(g) pakeh/Ühn kartusch dö ..., ßil wuh plä

Eine Dose Pfeifentabak, bitte.
Une boîte de tabac pour la pipe, s'il vous plaît.
Ühn boatt dö taba puhr la pip, ßil wuh plä

Ein Päckchen Streichhölzer, bitte.
Une boîte d'allumettes, s'il vous plaît.
Ühn boatt dallümett, ßil wuh plä

Haben Sie deutsche Zeitungen?
Avez-vous des journaux allemands?
Aweh-wuh deh ḡurno allman(g)

Haben Sie auch Briefmarken?
Avez-vous aussi des timbres?
Aweh-wuh ohßi deh tähmbr

Ich hätte gerne eine Karte der Umgebung.
Je voudrais une carte de l'entourage.
ḡö wudrä ühn kart dö lah(n)turaḡ

Wann kommt die nächste Zeitungslieferung?
Quand arrive la prochaine livraison de journaux?
Kah(n) arihw la proschän liwräsoh(n) dö ḡurno

Einkaufen

| *Dialog* | **Beim Zeitungskauf** |

Haben Sie auch deutsche Zeitungen?
Vous avez aussi des journaux allemands?
Wuhsa<u>weh</u> oh<u>ßi</u> deh ğur<u>noh</u> all<u>man(g)</u>

Sehen Sie einmal am Ständer vor der Tür nach.
Allez voir sur le porte-journaux devant la porte.
All<u>eh</u> wo<u>ahr</u> ßür lö port-ğur<u>noh</u> dö<u>wah(n)</u> la port

Ah ja, ich sehe sie. Haben Sie auch schon die neuesten Ausgaben?
Ah oui, je vois. Vous avez aussi les plus récentes?
Ah u<u>i</u>, ğö wo<u>a</u>. Wuhsa<u>weh</u> oh<u>ßi</u> leh plü reh<u>ßah(n)</u>t

Da sind Sie ein wenig zu früh. Die heutigen Ausgaben treffen erst gegen Mittag ein.
Vous arrivez un peu trop tôt. Les numéros d'aujourd'hui seront là vers midi.
Wuhsari<u>weh</u> ön(g) pö troh toh. Leh nümeh<u>ro</u> dohğurd<u>üi</u> ßöron(g) la währ mi<u>di</u>

Dann komme ich später noch einmal wieder.
Je reviendrai plus tard alors.
ğö röwjäh(n)<u>dreh</u> plü tahr a<u>lohr</u>

Möchten Sie nicht eine Lokalzeitung nehmen?
Vous ne voulez pas prendre un journal local?
Wuh nö wu<u>leh</u> pa prah(n)dr ön(g) ğur<u>nal</u> lo<u>kal</u>

Ich weiß nicht, ob mein Französisch dafür ausreicht.
Je ne sais pas si mon français est assez bon.
ğö nö ßä pa ßi mon(g) frah(n)<u>ßä</u> ätas<u>seh</u> bon(g)

Probieren Sie es einfach einmal.
Vous n'avez qu'à essayer.
Wuh na<u>weh</u> ka essä<u>jeh</u>

Im Modegeschäft

Die wichtigsten Begriffe

Abendkleid	la robe de soirée	*rob dö ßoareh*
Anorak	l'anorak (m)	*lanorak*
Anzug	le costume	*kostüm*
Badeanzug	le maillot de bain	*majo dö bäh(n)*
Badehose	le slip de bain	*ßlip dö bäh(n)*
Bademantel	le peignoir	*pänjoahr*
BH	le soutien-gorge	*ßutjäh(n)-gorĝ*
Bikini	le bikini/le deux-pièces	*bikini/dö-pjäß*
Bluse	le chemisier/la blouse	*schömisjeh/bluhs*
Gürtel	la ceinture	*ßäh(n)tühr*
Halstuch	le foulard	*fulahr*
Handschuhe	les gants (m)	*gah(n)*
Hemd	la chemise	*schömihs*
Hose	le pantalon	*pa(n)taloh(n)*
Hut	le chapeau	*schapo*
Jacke	la veste	*west*
Jeans	le jeans	*dĝihn*
Jogginganzug	les vêtements de jogging	*wättman(g) dö dĝoging*

Begriffe

Kleidung

Ich suche …
Je cherche …
ĝö schersch

lange Ärmel
les manches (f) longues
leh mah(n)sch long

kurze Ärmel
les manches (f) courtes
leh mah(n)sch kuhrt

Einkaufen

Kleid	la robe	*rob*
Kostüm	le tailleur	*tajör*
Krawatte	la cravate	*kra<u>wat</u>*
Mantel	le manteau	*mah(n)<u>to</u>*
Mütze	le bonnet	*bon<u>neh</u>*
Nachthemd	la chemise de nuit	*schö<u>mihs</u> dö nü<u>i</u>*

Frankreich ist das Land der Mode, die Hauptstadt Paris nach wie vor eines der wichtigsten Zentren der Modewelt. Die elegante Abendgarderobe steht seit den Zeiten von Christian Dior ab Ende der 40er Jahre ebenso für Pariser Chic wie das »kleine Schwarze« von Coco Chanel aus den 50ern. Auch der »Erfinder« der Haute Couture, wie die teure Mode für die Highsociety genannt wird, kommt aus der französischen Metropole: Paul Poiret sorgte mit seinen Kreationen bereits zu Beginn des 20. Jahrhunderts für großes Aufsehen.
Die Pariser Designer machten sich jedoch auch um modische Entwürfe für den kleinen Geldbeutel verdient. Ende der 50er Jahre stellte Pierre Cardin die erste Prêt-à-porter-Modereihe vor. Wer sich bei einem Frankreichbesuch ein neues Outfit zulegen möchte, findet also vor allem in Paris eine Fülle an Angeboten in allen Preislagen.

Pullover	le pullover	*püllo<u>währ</u>*
Regenmantel	l'imperméable (m)	*läh(m)perme<u>abl</u>*
Rock	la jupe	*ğüp*
Sakko	le veston	*westoh(n)*
Schal	l'écharpe (f)	*leh<u>scharp</u>*
Schlafanzug	le pyjama	*piğa<u>ma</u>*
Slip (Damen)	la culotte/le slip	*kü<u>lott</u>/ßlip*
Slip (Herren)	le caleçon/le slip	*kal<u>ß</u>oh(n)/ßlip*

Zur genaueren Beschreibung des gewünschten Kleidungsstücks könnten Sie folgende Wörter gebrauchen:

Farben	les coleurs (f)	kul_ör_
beige	beige	bäh_ĝ_
blau	bleu	blö
braun	marron	marr_oh(n)_
dunkel	foncé	foh(n)_ßeh_
dunkelblau	bleu foncé	blö foh(n)_ßeh_
gelb	jaune	ĝohn
golden	doré	dor_eh_
grau	gris	gri
grün	vert	währ
hell	clair	klähr
lila	violet	wjol_äh_
orange	orange	or_ah(n)ĝ_
rosa	rose	rohs
rot	rouge	ruĝ
schwarz	noir	no_ahr_
silbern	argenté	arĝah(n)_teh_
türkis	turquoise	türko_ahs_
violett	violet	wjol_äh_
weiß	blanc	blah(n)

Material	les matières (f)	mat_jähr_
Baumwolle	le coton	kot_oh(n)_
Flanell	la flanelle	flan_ell_
gehäkelt	fait au crochet	fätoh kro_schäh_
gestrickt	tricoté	triko_teh_
gewebt	tissé	tis_seh_
Kaschmir	le cachemire	kaschm_ihr_
Kunststoff, Synthetik	le synthétique	ßäh(n)teh_tik_
Lammwolle	la laine d'agneau	länn danj_o_
Leder	le cuir	küihr
Leinen	le lin	läh(n)
Naturfasern	les fibres naturelles	fibr natür_el_
Seide	la soie	ßo_a_
Stoff	le tissu	tis_sü_
Wildleder	le chamois/le daim	schamo_a_/däh
Wolle	la laine	länn

Muster	les dessins (m)	dess_äh(n)_
gemustert	imprimé	äh(m)pri_meh_
gemustert (bunt)	banolé	banol_eh_
gepunktet	avec des points	a_weck_ deh poäh(n)
gestreift	rayé	räj_eh_
kariert	à carreaux	a karr_o_
uni	uni	ü_ni_

Einkaufen

	Socken	les chaussettes (f)
		schoßett
	Strickjacke	le gilet en tricot
		ĝiläh an(g) triko
	Strümpfe	les bas (m)
		ba
	Strumpfhose	le collant
		kolah(n)
	Unterwäsche	les sous-vêtements
		ßu-wättman(g)
	Weste	le gilet
		ĝiläh

Schuhe

	Gummistiefel	les bottes en caoutchouc
		bott an(g) kautschu
	Halbschuhe	les souliers (m)
		ßuljeh

Ich möchte ein Paar …
Je voudrais une paire de …
ĝö wudrä ühn pähr dö …

	Hausschuhe	les chaussons (m)
		schoßon(g)
	Kinderschuhe	les chaussures pour enfants
		schoßühr puhr ah(n)fah(n)
	Pumps	les escarpins (m)
		eskarpäh(n)
	Sandalen	les sandales (f)
		ßah(n)dal
	Stiefel	les bottes (f)
		bott
	Turnschuhe	les baskets (m)
		baskett
	Wanderschuhe	les chaussures de randonnée
		schoßühr dö rah(n)donneh

Auch diese Wörter könnten Sie im Schuhladen benötigen:

Absatz	le talon	*talon(g)*
Einlegesohlen	la semelle intérieure	*ßömell äh(n)tehriör*
Schnürsenkel	les lacets (m)	*laßäh*
Schuhanzieher	le chausse-pied	*schoss-pjeh*
Schuhbürste	la brosse à chaussures	*bross a schoßühr*
Schuhcreme	le cirage	*ßiraĝ*
Schuhgröße	la pointure	*poah(n)tühr*
Schuhsohle	la semelle	*ßömell*
Schuhspanner	l'embauchoir (m)	*lah(m)bohschoahr*

Die wichtigsten Redewendungen

> *Wendungen*

Können Sie mir Pullover zeigen?
Pourriez-vous me montrer des pullovers?
Purjeh-wuh mö mohntreh deh püllowähr

Ich habe Größe 40.
Je fais du 40.
ğö fä dü karah(n)t

Haben Sie es noch in einer anderen Größe?
Vous l'avez encore dans une autre taille?
Wuh laweh an(g)kohr dah(n)sühnohtr taj

Kann ich es anprobieren?
Je peux l'essayer?
ğö pö lessäjeh

Wo sind die Umkleidekabinen?
Où sont les cabines?
U ßon(g) leh kabihn

Haben Sie einen Spiegel?
Avez-vous un miroir?
Aweh-wuh ön(g) miroahr

Welches Material ist das?
Qu'est-ce que c'est comme matière?
Keskö ßä komm matjähr

Das passt gut.
C'est la bonne taille.
ßä la bonn taj

Es ist zu klein.
C'est trop petit.
ßä tro pöti

Wie viel kostet es?
Ça coûte combien?
ßa kutt ko(m)bjäh(n)

Einkaufen

Das steht mir nicht.
Cela ne me va pas.
ßöla nö mö wa pa

Das gefällt mir nicht so gut.
Ça ne me plaît pas vraiment.
ßa nö mö plä pa wräman(g)

Können Sie mir bitte noch etwas anderes zeigen?
Pourriez-vous me montrer autre chose, s'il vous plaît?
Purjeh-wuh mö mohntreh ohtr schohs, ßil wuh plä

Läuft es ein?
Ça va se rétrécir?
ßa wa ßö rehtrehßihr

Kann ich es umtauschen?
Est-ce que je peux l'échanger?
Eskö ĝö pö lehschah(n)ĝeh

Ich muß mir das noch einmal überlegen.
Je vais réfléchir.
ĝö wä rehflehschihr

Ich habe Schuhgröße 40.
Je chausse du 40.
ĝö schoß dü karah(n)t

Die Schuhe sind zu groß/zu klein.
Les chaussures sont trop grandes/petites.
Leh schoßühr ßon(g) tro grahnd/pötit

Die Schuhe drücken hier.
C'est ici que les chaussures me serrent.
ßätißi kö leh schoßühr mö ßerr

Der Absatz ist mir zu hoch/zu niedrig.
Le talon est trop haut/plat.
Lö talon(g) ä troh oh/pla

Das neue Hemd

Dialog

Guten Tag. Kann ich Ihnen helfen?
Bonjour. Je peux vous aider?
Bon(g)ǧuhr. ǧö pö wuhsädeh

Ich suche ein Hemd.
Je cherche une chemise.
ǧö schersch ühn schömihs

Welche Größe haben Sie?
Vous avez quelle taille?
Wuhsaweh kel taj

Kragenweite 42.
L'encolure 42.
Lah(n)kolühr karah(n)tdö

Lang- oder kurzärmlig?
Avec manches longues ou courtes?
Aweck mah(n)sch lohng u kuhrt

Langärmlig und kariert.
Avec manches longues et à carreaux.
Aweck mah(n)sch lohng eh a karroh

Schauen Sie einmal hier.
Venez voir ici.
Wöneh woahr ißi

Das gefällt mir. Kann ich es umtauschen, wenn es nicht passt?
Celle-ci me plaît. Je peux l'échanger si elle n'est pas à ma taille?
Bel-Bi mö plä. ǧö pö lehschah(n)ǧeh ßi el nä pa a ma taj

Selbstverständlich.
Bien sûr.
Bjäh(n) ßür

Einkaufen

Im Schmuckladen

Begriffe	Die wichtigsten Begriffe

	Anhänger	le pendentif *pah(n)dah(n)tif*
	Armband	le bracelet *braßläh*
	Brillanten	le brillant/le diamant *brijah(n)/djamah(n)*
	Brosche	la broche *brosch*
	Diamanten	les diamants (m) *djamah(n)*
vergoldet **doré** *doreh*	Gold	l'or (m) *lor*
	Karat	le carat *kara*
	Kette	la chaîne *schänn*
	Kristall	le cristal *kristal*
	Messing	le cuivre jaune *küiwr ĝohn*
	Modeschmuck	les bijoux (m) fantaisie *biĝu fah(n)täsi*
	Ohrringe	les boucles (f) d'oreille *bukle dorej*
	Perle	la perle *perl*
	Platin	le platine *platin*
	Rubin	le rubis *rübi*
	Saphir	le saphir *safihr*
versilbert **argenté** *arĝah(n)teh*	Silber	l'argent (m) *larĝan(g)*
	Smaragd	l'émeraude (f) *lehmrohd*

Uhr	**la montre**
	moh(n)tr
Uhrenarmband	**le bracelet (pour montre)**
	bra<u>ß</u>leh (puhr moh(n)tr)

Die wichtigsten Redewendungen

Wendungen

Ich suche ein schönes Geschenk.
Je cherche un joli cadeau.
schö schersch ön(g) schö<u>li</u> ka<u>do</u>

Schmuck

Woraus ist das?
C'est fait en quoi?
ßä fätan(g) ko<u>a</u>

Wie hoch ist der Goldanteil?
Quelle est la teneur en or?
Kell ä la te<u>nör</u> ahn<u>or</u>

Wie hoch ist der Silberanteil?
Quelle est la teneur en argent?
Kell ä la te<u>nör</u> ahnar<u>schan(g)</u>

Wie teuer ist es?
Ça coûte combien?
ßa kutt ko(m)<u>bjäh(n)</u>

Meine Uhr geht nicht. Könnten Sie sie bitte einmal nachsehen?
Ma montre ne marche pas. Pourriez-vous y jeter un coup d'œil?
Ma moh(n)tr nö marsch <u>pa</u>. Purjeh-<u>wuh</u> i <u>scheteh</u> ön(g) ku döj

Uhren

Ich benötige eine neue Batterie für meine Armbanduhr.
J'aurais besoin d'une batterie pour ma montre.
schoh<u>rä</u> bösoä<u>h(n)</u> dühn batte<u>ri</u> puhr ma moh(n)tr

| *Dialog* | **Die Uhren-Reparatur** |

Ich habe Probleme mit meiner Uhr.
J'ai un problème avec ma montre.
ğeh ön(g) pro<u>lämm</u> a<u>weck</u> ma moh(n)tr

Ist sie kaputt?
Elle ne fonctionne plus?
El nö fo(n)k<u>ß</u>jonn plü

Ich fürchte ja.
Je crains que oui.
ğö kräh(n) kö u<u>i</u>

Wann haben Sie zum letzten Mal die Batterie gewechselt?
Quand vous avez changé la batterie pour la dernière fois?
Kah(n) wuhsa<u>weh</u> schah(n)<u>ğeh</u> la batte<u>ri</u> puhr la dern<u>jähr</u> fo<u>a</u>

Das ist noch keinen Monat her.
Ça ne fait même pas un mois.
Ba nö fä mämm pasön(g) mo<u>a</u>

Dann kann es daran nicht liegen.
Alors, ça ne peut pas être ça.
A<u>lohr</u>, ßa nö pö pa ätr ßa

Können Sie sie reparieren?
Vous pouvez la réparer?
Wuh pu<u>weh</u> la rehpa<u>reh</u>

Ja, aber es dauert zwei Tage.
Oui, mais ça va me prendre deux jours.
Ui, mä ßa wa mö prah(n)dr dö ğuhr

Kein Problem, wir sind noch eine Woche hier.
Pas de problème, nous allons rester une semaine.
Pad pro<u>blämm</u>, nuhsal<u>lon(g)</u> res<u>teh</u> ühn ßö<u>männ</u>

Im Souvenirshop

Alljährlich stellt sich zum Ende des Urlaubs die Frage, was man den Lieben zu Hause mitbringen soll. Frankreich hat in dieser Beziehung eine Menge zu bieten:
Wer vor einem Laden auf das Schild mit der Aufschrift **artisanat** trifft, den erwarten Handwerksprodukte verschiedener Art. Speziell an den Touristen wenden sich auch die Läden mit dem Hinweis **brocante** (Kunstwaren und Trödel). Überall zu finden sind auch die Keramikgeschäfte (**poterie**) mit zumeist selbst gemachten Waren. Wer erwas Teureres sucht, wird vielleicht beim Antiquitätenhändler (**antiquités**) fündig.
Gut und günstig lassen sich Souvenirs auch auf den zahlreichen Märkten finden – oft u.a. auch Kleidung und typische Stoffe. Immer richtig liegen Sie, wenn Sie sich für ein Mitbringsel aus dem regional verschiedenen kulinarischen Angebot entscheiden oder zu einem guten Wein greifen.

Die wichtigsten Begriffe

Andenken	le souvenir
	ßuwnihr
Becher	le gobelet
	gobläh
Buch	le livre
	lihwr
Decke	la couverture
	kuwertühr
Gemälde	la peinture/le tableau
	päh(n)tühr/tablo
Handarbeit	fait à la main
	fä a la mäh(n)
Keramik	la céramique
	ßehramik
Lederwaren	les cuirs/la maroquinerie
	küihr/marokinri
Porzellan	la porcelaine
	porßlänn
Schmuck	les bijoux (m)
	bißu
Silber	l'argent
	larßan(g)
Spielzeug	le jouet
	ßuäh

Das ist
C'est
ßä
– handgemacht
fait à la main
fä a la mäh(n)
– handgemalt
peint à la main
pähn a la mäh(n)
– handgeschnitzt
sculpté à la main
ßkülteh a la mäh(n)
– handgestrickt
tricoté à la main
trikoteh a la mäh(n)

Einkaufen

Wendungen | Die wichtigsten Redewendungen

Ich suche ein typisches Andenken aus dieser Gegend.
Je cherche un souvenir typique de cette région.
ßö schersch ön(g) ßuwnihr tipik dö ßet rehäjon(g)

Ist das Handarbeit?
C'est fait à la main?
ßä fä a la mäh(n)

Hätten Sie eine Tragetasche?
Auriez-vous un sachet?
Ohrijeh-wuh ön(g) ßascheh

Kann ich mit Kreditkarte bezahlen?
Je peux payer avec ma carte de crédit?
ßö pö päjeh aweck ma kart dö krehdi

Dialog | Auf Souvenirsuche

Suchen Sie etwas Bestimmtes?
Vous cherchez quelque chose de précis?
Wuh scherscheh kelk schohs dö prehßi

Ich hätte gern etwas, das typisch für diese Gegend ist.
Oui, je voudrais quelque chose qui soit typique de cette région.
Ui, ßö wudrä kelk schohs ki ßoa tipik dö ßett rehäjon(g)

Da haben wir gleich mehrere Sachen.
Alors là, je peux vous offrir plusieurs choses.
Alohr la, ßö pö wuhsoffrihr plüsjöhr schohs

Würden Sie sie mir bitte zeigen?
Pourriez-vous me les montrer, s'il vous plaît?
Purjeh-wuh mö leh moh(n)treh, ßil wuh plä

Gern. Diese Decken hier werden drei Meilen von hier entfernt gewebt.
Volontiers. Ces couvertures sont tissées à trois kilomètres d'ici.
Wolontjeh. Beh kuwertühr Bon(g) tißeh a trog kilomätr dißi

Wie teuer sind die Decken?
Elles font combien, ces couvertures?
El fon(g) ko(m)bjäh(n), Beh kuwertühr

Je nach Muster bis 1000 Francs.
Selon le dessin jusqu'à 1000 francs.
Bölon(g) lö dessäh(n) ğüska mill frah(ng)

Das ist aber recht teuer.
C'est assez cher.
Bätasseh schähr

Die Decken sind alle Handarbeit.
Ces couvertures sont toutes faites à la main.
Beh kuwertühr Bon(g) tutt fäta la mäh(n)

Haben Sie auch Töpferware?
Vous avez aussi de la poterie?
Wuhsaweh ohßi dö la potri

Selbstverständlich. Die Krüge kommen aus der Nachbarschaft.
Bien sûr. Ces cruches-là viennent du voisinage.
Bjäh(n) Bür. Beh krüsch-la wjenn dü woasinağ

Die Krüge gefallen mir. Ich nehme gleich zwei.
Elles me plaisent bien, ces cruches. J'en prends deux.
El mö plähs bjäh(n), Beh krüsch. ğan(g) prah(n) dö

Badeurlaub

Begriffe	Die wichtigsten Begriffe

	baden	**se baigner**
		Bö bänjeh
	Badetuch	**la serviette de bain**
		Berwjet dö bäh(n)
	Bucht	**la baie**
		bä
	Dusche	**la douche**
		dusch
	Ebbe	**la marée basse**
		mareh baß
	FKK-Strand	**la plage naturiste**
		plaĝ natürist
	Flut	**la marée haute**
		mareh oht
	Felsen	**le rocher**
		roscheh
	Höhle	**la caverne/la grotte**
		kawern/grott
	Kieselstrand	**la plage de cailloux**
		plaĝ de kaiju
	Klippe	**le brisant, l'écueil (m)**
		brisah(n)/lehköj
	Liegestuhl	**la chaise longue**
		schähs loh(n)g
	Luftmatratze	**le matelas pneumatique**
		matla pnömatik

> Frankreich bietet geradezu ideale Voraussetzungen für einen Badeurlaub: Das Land ist an drei Seiten von Wasser umgeben und verfügt über eine Vielzahl von Sand- und Kiesstränden – im Norden und Westen die Nordsee bzw. die Atlantikküste, im Süden das Mittelmeer. Der größte Andrang herrscht im Juli und August an den Stränden im Süden und Südwesten, da man sich dort keine Sorgen um sonniges, warmes Wetter machen muss. Das Mekka der Schönen und Reichen ist seit Jahrzehnten die Côte d'Azur; die Preise sind entsprechend. Am dortigen Mittelmeer sind auch die Wassertemperaturen recht angenehm, während sich das Meer im Norden zumeist recht kühl präsentiert.

Meeresalge	l'algue (f)
	lalg
Meeresgrund	le fond de la mer
	foh(n) dö la mär
Muschel	la coquille (f)
	ko<u>kij</u>
Nichtschwimmer	le non-nageur
	non(g)-na<u>ğör</u>
Qualle	la méduse
	meh<u>düs</u>
Rettungsboot	le canot de sauvetage
	ka<u>noh</u> dö ßow<u>tağ</u>
Rettungsring	la bouée de sauvetage
	bu<u>eh</u> dö ßow<u>tağ</u>
Rettungs- schwimmer	le sauveteur *ßow<u>tör</u>*
rote Fahne (Badeverbot)	le drapeau rouge *dra<u>po</u> ruğ*
Sand	le sable
	ßabl
Sandstrand	la plage de sable
	plağ dö ßabl

Strandkörbe, wie sie von deutschen Stränden bekannt sind, gibt es in Frankreich nicht. Sie können jedoch Liegestühle **chaises longue** *(schähs loh(n)g)* und einen Sonnenschirm **parasol** *(para<u>ßol</u>)* mieten.
Getränke, warme Kleinigkeiten, Süßigkeiten und Eis erhalten Sie zumeist an Verkaufsbuden direkt am Strand; die Preise sind allerdings – je nach Region – überwiegend gesalzen.

»Oben ohne« wird in Frankreich zunehmend toleriert; man sollte es jedoch nicht überall praktizieren, sondern sich nach den Sitten vor Ort richten.
FKK (**nudisme**) ist nur an dafür vorgesehenen Badeplätzen erlaubt.

Schatten	l'ombre (f)
	loh(m)br
Schlauchboot	le canot pneumatique
	ka<u>noh</u> pnöma<u>tik</u>
Schnorchel	le tuba
	tü<u>ba</u>
schwimmen	nager
	na<u>ğeh</u>

Schwimmflossen	les palmes (f)	
	palm	
Schwimmflügel	les flotteurs (m)	
	flott<u>ör</u>	
Sonnenbad	le bain de soleil	
	bäh(n) dö ßol<u>ej</u>	
Sonnenbrand	le coup de soleil	
	ku dö ßol<u>ej</u>	
Sonnenbrille	les lunettes (f) de soleil	
	l<u>ünett</u> dö ßol<u>ej</u>	
Sonnencreme	la crème solaire	
	krämm ßol<u>ähr</u>	
Sonnenschirm	le parasol	
	paraßol	
Strand	la plage	
	plaẞ	
Strömung	les courants	
	kur<u>ah(n)</u>	

> An zahlreichen französischen Küsten treten starke Strömungen auf, die das Baden sehr gefährlich machen. Achten Sie daher nicht nur auf die rote Flagge, die absolutes Badeverbot bedeutet, sondern auch auf Hinweise der einheimischen Badegäste.

Achtung!	**Attention!**	*Attah(n)<u>ßjon(g)</u>*
Alles in Ordnung?	**Ça va?**	*ßa wa*
Hilfe!	**Au secours!**	*Oh<u>skuhr</u>*
Wir brauchen Hilfe!	**On a besoin d'aide!**	*Ona bösoäh(n) dähd*
Mach das nicht!	**Ne fais pas ça!**	*Nö fä pa ßa*
Pass auf!	**Fais attention**	*Fä attah(n)<u>ßjon(g)</u>*
Sei vorsichtig!	**Sois prudent!**	*ßoa prü<u>dah(n)</u>*

surfen	faire de la planche à voile	
	fähr dö la plah(n)sch a wo<u>al</u>	
tauchen	plonger	
	ploh(n)<u>ẞeh</u>	
Taucher- ausrüstung	l'équipement de plongée	
	lehki<u>pman(g)</u> dö ploh(n)<u>ẞeh</u>	
Taucherbrille	les lunettes (f) de plongée	
	l<u>ünett</u> dö ploh(n)<u>ẞeh</u>	
Wellen	les vagues (f)	
	wag	

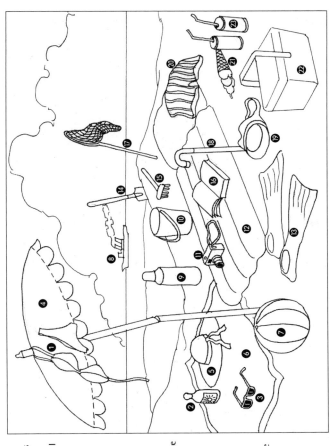

① le bikini/le deux-pièces
② l'huile solaire (f)
③ les lunettes (f) de soleil
④ le parasol
⑤ le chapeau
⑥ la serviette de bain
⑦ le ballon
⑧ le bateau
⑨ la thermos
⑩ le seau
⑪ l'appareil photo (m)
⑫ le matelas pneumatique
⑬ les palmes (f)
⑭ la pelle
⑮ le râteau
⑯ le livre
⑰ l'épuisette (f)
⑱ le tuba
⑲ les lunettes de plongée
⑳ le maillot de bain
㉑ le cornet de glace
㉒ le panier
㉓ les boissons en boîtes

Urlaub

Falls Sie während des Urlaubs ein Schwimmbad besuchen, könnten die folgenden Begriffe hilfreich sein:

Badekappe	le bonnet de bain	bon<u>neh</u> dö bäh(n)
Bademeister	le maître nageur	mätr na<u>ḡör</u>
Freibad	la piscine en plein air	pi<u>ß</u>ihn an(g) plän<u>ähr</u>
Handtuch	la serviette	ßerw<u>jett</u>
Kasse	la caisse	käss
Plantschbecken	le bassin à barboter	bassäh(n) a barbo<u>teh</u>
Sanitäter	le secouriste	ßeku<u>rist</u>
Sauna	le sauna	ßo<u>na</u>
Schließfach	la consigne	kon(g)ß<u>inje</u>
Solarium	le solarium	ßolari<u>omm</u>
Sprungbrett	le tremplin	trah(m)p<u>läh(n)</u>
Sprungturm	le plongeoire	ploh(n)<u>ḡoahr</u>
Umkleidekabine	la cabine	kabihn
Wellenbad	la piscine à vagues	pi<u>ß</u>ihn a wag

Wendungen | Die wichtigsten Redewendungen

Gibt es in der Nähe einen Strand?
Est-ce qu'il y a une plage près d'ici?
Eskil<u>ja</u> ühn plaḡ prä diß<u>i</u>

Wo geht es zum Strand?
La plage, c'est par où?
La plaḡ, ßä par u

Kann man hier baden?
On peut se baigner ici?
On(g) pö ßö bän<u>jeh</u> iß<u>i</u>

Wie weit darf man hinausschwimmen?
On peut nager jusqu'où?
On(g) pö na<u>ḡeh</u> ḡüßk<u>u</u>

Gibt es Strömungen?
Est-ce qu'il y a des courants?
Eskil<u>ja</u> deh ku<u>rah(n)</u>

Wann ist Ebbe/Flut?
La marée basse/haute, c'est quand?
La ma<u>reh</u> baß/oht, ßä kah(n)

Ist es für Kinder gefährlich?
C'est dangereux pour les enfants?
Bä dah(n)ĝörö puhr lehsah(n)fah(n)

Wo kann man einen Liegestuhl ausleihen?
Où est-ce qu'on peut louer une chaise longue?
U eskon(g) pö lueh ühn schähs loh(n)g

Was kostet es pro Stunde/pro Tag?
Quel est le tarif pour une heure/une journée?
Kel ä lö tarif puhr ühn öhr/ühn ĝurneh

Würden Sie bitte für einen Moment auf meine Sachen aufpassen?
Pourriez-vous jeter un coup d'œil sur mes affaires pour un instant, s'il vous plaît?
Purjeh-wuh ĝeteh ön(g) ku döj ßür mehsaffähr puhr ön(g) äh(n)ßtah(n), ßil wuh plä

Angaben zum Wasser:		
Das Wasser ist	**L'eau est**	*Loh ä*
– kalt	**– froide**	*– froad*
– sauber	**– propre**	*– propr*
– schmutzig	**– sale**	*– ßal*
– warm	**– chaude**	*– schod*
Angaben zur Strömung:		
Die Strömung ist	**La mer est/**	*La mär ä*
	Les courants sont	*Leh kurah(n) ßon(g)*
– ablaufend	**– descendant**	*– deßah(n)dah(n)*
– auflaufend	**– montant**	*– mo(n)tah(n)*
– schwach	**– faibles**	*– fäbl*
– stark	**– forts**	*– for*
Angaben zu den Wellen:		
Die Wellen sind	**Les vagues sont**	*Leh wag ßon(g)*
– hoch	**– hautes**	*– oht*
– kurz	**– courtes**	*– kuhrt*
– lang	**– longues**	*– loh(n)g*
– niedrig	**– basses**	*– baß*
Angaben zum Wind:		
Der Wind ist	**Le vent est**	*Lö wah(n) ä*
– abnehmend	**– baissant**	*– bäßah(n)*
– schwach	**– faible**	*– fäbl*
– stark	**– fort**	*– for*
– stürmisch	**– orageux**	*– oraĝö*
– zunehmend	**– croissant**	*– kroaßah(n)g*

Urlaub

Am Strand

Ist das Wasser heute warm?
Elle est chaude aujourd'hui, l'eau?
El ä schohd ohğurdüi, loh

Es ist wärmer als in den vergangenen Tagen.
Elle est plus chaude que ces derniers jours.
El ä plü schohd kö ßeh dernjeh ğuhr

Es sieht auch ziemlich ruhig aus.
Elle a l'air bien calme aussi.
El a lähr bjäh(n) kalm ohßi

Es gibt kaum Wellen, aber an einigen Stellen herrscht eine starke Strömung.
Il n'y a guère de vagues, mais il y a des endroits où il y a des courants bien forts.
Il nja gähr dö wag, mä ilja dehsah(n)droa u ilja deh kurah(n) bjäh(n) for

Meinen Sie, die Kinder können trotzdem baden?
Vous croyez que les enfants vont quand même pouvoir se baigner?
Wuh kroajeh kö lehsah(n)fah(n) won(g) kah(n) mämm puwoahr ßö bänjeh

Ja, aber sie sollten nicht zu weit hinausschwimmen.
Oui. Mais ils ne devraient pas nager trop loin.
Ui. Mä il nö döwrä pa nageh troh loäh(n)

Ich werde sie im Auge behalten.
Je ne vais pas les quitter des yeux.
ğö nö wä pa leh kitteh dehsjöh

Gehen Sie doch einfach mit schwimmen.
Pourquoi vous ne vous baignez pas avec eux?
Puhrkoa wuh nö wuh bänjeh pasaweck öh

Sport treiben

Die wichtigsten Begriffe

Begriffe

angeln	pêcher à la ligne
	päscheh a la linje
Ball	le ballon
	ballon(g)
Badminton	le badminton
	badminton
Basketball	le basket
	basket
Billard	le billard
	bijahr
bergsteigen	faire de l'alpinisme (m)
	fähr dö lalpinisme
Bootsverleih	la location de bateaux
	lokaßjon(g) dö batoh
Fahrrad	la bicyclette/le vélo
	bißiklett/wehlo
fallschirm-	faire du parachutisme
springen	*fähr dü paraschütisme*
Fußball	le football
	futboll
Fußballplatz	le terrain de football
	täräh(n) dö futboll

Frankreich ist dank der Tour de France das bedeutendste Land des internationalen Radsports. Um die Auflage seiner Zeitschrift »L'Auto« zu erhöhen, rief der Pariser Verleger Henri Desgrange im Jahr 1903 ein Etappenrennen quer durch Frankreich ins Leben, an dem 60 Fahrer teilnahmen. Sie mussten sechs Etappen über insgesamt 2428 km bewältigen. Trotz aller Widrigkeiten – die Öffentlichkeit nahm kaum Notiz von dem sportlichen Ereignis – konnte sich die Tour in den nächsten Jahren etablieren und zählt heute zu den größten Sportereignissen der Welt. Wer als Tourist dabei sein möchte, sollte seinen Urlaub im Juli buchen und sich rechtzeitig über die einzelnen Etappenorte in der Nähe des Urlaubsziels informieren.
Auch für Freizeitradler hat Frankreich viel zu bieten. Es gibt Strecken für jeden Schwierigkeitsgrad – von flachen Abschnitten z.B. in der Normandie und Bretagne bis zu Bergtouren in den Alpen und Pyrenäen. Trotz aller Radsportbegeisterung der Franzosen regiert auf fast allen Straßen das Auto; eine Straßenkarte mit Nebenstrecken gehört daher ins Handgepäck des Radlers.

1. les gants (m) de boxe
2. les lunettes (f) de ski
3. les skis (m)
4. les bâtons (m) de ski
5. la luge
6. les palmes (f)
7. la balle de tennis
8. la raquette de tennis
9. les crosses de golf (f)
10. la raquette de badminton
11. le volant
12. le baskets (m)
13. le ballon
14. les chaussures de skating
15. la raquette de ping-pong
16. la balle de ping-pong
17. le masque d'escrime
18. le fleuret
19. le skate-board/ la planche à roulettes

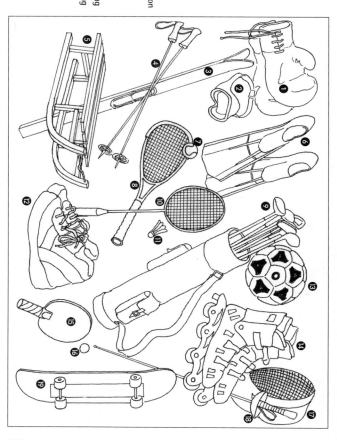

Golf	le golf	
	golf	
Handball	le handball	
	an(g)dboll	
Hochseefischen	la pêche en haute mer	
	päsch ah(n) oht mär	
Hockey	le hockey	
	okeh	
joggen	faire du jogging	
	fähr dü dgoging	
Kajak	le kayak	
	kajak	
Kanu	le canoë	
	kanoeh	
Leichtathletik	l'athlétisme (m)	
	latlehtisme	

Eine Besonderheit im Sportleben Frankreichs stellt **Boules** (im Süden auch **Pétanque** genannt) dar, ein Spiel, das vor allem einen hohen gesellschaftlichen und kommunikativen Stellenwert besitzt. Insbesondere die (älteren) männlichen Einwohner kleiner Ortschaften treffen sich auf einem zentral gelegenen planierten Sandplatz, um jede Woche – mancherorts auch allabendlich – die lokalen Boule-Größen zu ermitteln. Bei diesem Nationalspiel versuchen die Spieler aus zwei Mannschaften, ihre jeweils zwei Metallkugeln (**boules**) näher an einer kleinen Holzkugel (**cochonnet**) zu platzieren als die Konkurrenten. Je nach gewählter Taktik kann man versuchen, entweder nah heranzuwerfen oder aber die besser platzierte Kugel des Gegners aus dem Weg zu befördern. Besonders sehens- und hörenswert sind dabei die erregten Diskussionen der Beteiligten.

Minigolf	le mini-golf
	mini-golf
Motorboot	le bateau à moteur
	batoh a motör
Paddelboot	le canoë/le kayak
	kanoeh/kajak
Pferderennen	la course de chevaux
	kuhrß dö schwo
Rad fahren	faire du vélo/pédaler
	fähr dü wehlo/pehdaleh
reiten	faire du cheval
	fähr du schwal

Urlaub

Die Hochgebirge machen Frankreich zu einem beliebten Wintersportland. In den Alpen und den Pyrenäen treffen sich alljährlich Wintersportler aus aller Welt; die Hotelbetten und Ferienwohnungen sind zumeist lange Zeit im Voraus ausgebucht.

Sportarten:
Eishockey	le hockey sur glace	*okeh Bür glaß*
Langlauf	le ski de fond	*ßki dö foh(n)*
Schlittschuhlaufen	le patinage	*patinaℊ*
Ski laufen	faire du ski	*fähr dü ßki*

Rund ums Skilaufen:
Abfahrt	la descente	*dehßah(n)t*
Bindung	la fixation	*fixaßjon(g)*
gefroren	gelé	*ℊeleh*
Gletscher	le glacier	*glaßjeh*
Pappschnee	la neige mouillée	*näℊ muijeh*
Piste	la piste	*pist*
Pulverschnee	la (neige) poudreuse	*(näℊ) pudrös*
Schlepplift	le tire-fesses	*tihr-fess*
Schnee	la neige	*näℊ*
Schneegrenze	la limite des neiges	*limit deh näℊ*
Seilbahn	le téléférique	*tehlehfehrik*
Sessellift	le télésiège	*tehlehßjäℊ*
Skianzug	l'habillement pour le ski	*labijman(g) puhr lö ßki*
Skiausrüstung	l'équipement (m) de ski	*ehkipman(g) dö ßki*
Skier	le ski/la planche	*ßki/plah(n)sch*
Skikurs	la classe de neige	*klahß dö näℊ*
Skilehrer	le moniteur	*monitör*
Skilift	le téléski	*tehlehßki*
Skischuhe	les chaussures (f) de ski	*schoßühr dö ßki*
Skischule	l'école (f) de ski	*lehkoll dö ßki*
Skistöcke	les bâtons (m) de ski	*baton(g) dö ßki*
Skiwachs	le fart	*fahr*

Redewendungen:
▶ Wo kann ich mich für einen Skikurs anmelden?
  Où est-ce que je peux m'inscrire pour une classe de neige?
  U eskö ℊö pö mäh(n)ßkihr puhr ühn klahß dö näℊ
▶ Ich bin Anfänger/Fortgeschrittener/Könner.
  Je suis débutant./J'ai un niveau avancé/très élevé.
  ℊö ßüi dehbütah(n)/ℊeh ön(g) niwoh awah(n)ßeh/trähsehleweh
▶ Ich möchte einen Skipass für einen Tag/eine Woche kaufen.
  Je voudrais acheter un forfait pour une journée/une semaine.
  ℊö wudrä aschteh ön(g) forfä puhr ühn ℊuhrneh/ühn ßömänn
▶ Welches ist die einfachste/schwierigste Abfahrt?
  Quelle est la descente la plus facile/la plus difficile?
  Kel ä la dehßah(n)t la plü faßil/la plü difißil

Ruderboot	le bateau à rames
	batoh a rahm
rudern	ramer
	rahmeh
schwimmen	nager
	nağeh
segeln	faire de la voile
	fähr dö la woal
spielen	jouer
	ğueh
Squash	le squash
	ßkwosch
Surfbrett	la planche à voile
	plah(n)sch a woal
surfen	faire de la planche à voile
	fähr dö la plah(n)sch a woal
tauchen	plonger
	ploh(n)ğeh
Tennis	le tennis
	tenniß
Tennisplatz	le court de tennis
	kuhr dö tenniß
Tennisschläger	la raquette de tennis
	rakett dö tenniß
Tischtennis	le tennis de table
	tenniß dö table
Tretboot	le pédalo
	pehdalo
Turnen	la gymnastique
	ğimnastik
Volleyball	le volley
	wolleh
Wintersport	les sports (m) d'hiver
	ßpohr diwähr

Die wichtigsten Redewendungen

Welche Sportmöglichkeiten gibt es hier?
Quels sports est-ce qu'on peut pratiquer ici?
Kel ßpohr eskon(g) pö pratikeh ißi

Treiben Sie Sport?
Vous faites du sport?
Wuh fätt dü ßpohr

Ich möchte gerne einen Golfkurs machen.
Je voudrais faire un cours de golf.
ǧö wu<u>drä</u> fähr ön(g) kuhr dö golf

Ich möchte ein Boot ausleihen.
Je voudrais louer un bateau.
ǧö wu<u>drä</u> lu<u>eh</u> ön(g) ba<u>toh</u>

Gibt es hier einen Fußballplatz?
Est-ce qu'il y a un terrain de football?
Eskil<u>ja</u> ön(g) tär<u>äh(n)</u> dö fu<u>tboll</u>

Ich möchte einen Badmintonplatz reservieren.
Je voudrais réserver un court de badminton.
ǧö wu<u>drä</u> rehser<u>weh</u> ön(g) kuhr dö badmin<u>ton</u>

Wie viel kostet die Stunde?
Une heure, ça coûte combien?
Ühn öhr, ßa kutt ko(m)<u>bjäh(n)</u>

Wo kann man hier angeln?
Où est-ce qu'on peut pêcher à la ligne?
U eskon(g) pö pä<u>scheh</u> a la linje

Wann beginnt das Fußballspiel?
À quelle heure commence le match de football?
A kel öhr kom<u>mah(n)</u>ß lö matsch dö fu<u>tboll</u>

Dialog

Auf dem Tennisplatz

Wir möchten gerne für zwei Stunden einen Tennisplatz mieten.
Nous voudrions louer un court de tennis pour deux heures.
Nuh wudri<u>on(g)</u> lu<u>eh</u> ön(g) kuhr dö ten<u>niß</u> puhr dö<u>söhr</u>

Für jetzt gleich?
Pour tout de suite?
*Puhr tuttßü_itt_*

Das wäre uns am liebsten.
C'est ce que nous préférerions.
*ßäßkö nuh prehfehrör_ion(g)_*

Ich kann Ihnen erst am Mittag einen Platz anbieten. Und nur für eine Stunde.
Je ne peux vous offrir un court qu'à midi. Et seulement pour une heure.
*ğö nö pö wuhsoff_rihr_ ön(g) kuhr ka mi_di_. Eh ßöll_man(g)_ puhr ühn_öhr_*

Liegt der Platz voll in der Sonne?
Il est en plein soleil?
*Il ätan(g) pläh(n) ßol_ej_*

Ja, aber zur Zeit sind die Temperaturen ganz erträglich.
Oui, mais en ce moment les températures sont assez agréables.
Ui, mä an(g) ßö mo_man(g)_ leh tah(m)pehrat_ühr_ ßo(n)tas_seh_ agre_a_bl

Dann reservieren Sie den Platz bitte.
Alors, réservez-le-nous.
A_lohr_, rehser_weh_-lö-nuh

Haben Sie Schläger?
Vous avez des raquettes?
*Wuhsa_weh_ deh ra_kett_*

Mein Freund würde gerne einen leihen.
Mon ami voudrait bien en louer une.
Mona_mi_ wudr_ä_ bjäh(n) an(g) lu_eh_ ühn

Dann lege ich einen zurück.
Je vous en réserve une alors.
*ğö wuhsan(g) reh_serw_ ühn a_lohr_*

Wandern

Begriffe

Die wichtigsten Begriffe

Berg	la montagne *moh(n)tanje*
Bergführer	le guide de montagne *gihd dö moh(n)tanje*
Bergschuhe	les chaussures de montagne *schoßühr dö moh(n)tanje*
bergsteigen	faire de l'alpinisme (m) *fähr dö lalpinisme*
Hütte	le chalet *schaleh*
klettern	grimper *grähmpeh*
Kompass	la boussole *bußoll*
Rucksack	le sac à dos *ßak a do*
Seil	la corde *kord*
Steigeisen	le crampon *krah(m)pon(g)*
Wanderkarte	la carte de randonnée *kart dö rah(n)donneh*
wandern	faire une randonnée à pied *fähr ühn rah(n)donneh a pjeh*
Wanderschuhe	les chaussures de randonnée *schoßühr dö rah(n)donneh*
Wanderweg	le sentier balisé *ßah(n)tjeh baliseh*

Frankreich weist ein dichtes Netz von markierten Wanderwegen mit unterschiedlichen Schwierigkeitsgraden auf, sodass der geübte Wanderer ebenso auf seine Kosten kommt wie der Neuling. Angelegt werden diese Wege vor allem von regionalen Naturschutzverbänden, detailliertes Kartenmaterial geben jedoch auch die Touristeninformationen vor Ort heraus.
Individualisten können sich ihre Wandertouren selbst zusammenstellen, wer es bequemer mag, kann sich an bereits ausgearbeiteten Routen versuchen; auch Gruppentouren über mehrere Tage werden oft angeboten.

Die wichtigsten Redewendungen

Wendungen

Ich möchte eine Bergtour machen.
Je voudrais faire une excursion en montagne.
jö wu<u>drä</u> fähr ühn exkür<u>ßjon(g)</u> an(g) moh(n)<u>tanje</u>

Gibt es geführte Touren?
Est-ce qu'il y a des excursions guidées?
Eskil<u>ja</u> dehsexkür<u>ßjon(g)</u> gih<u>deh</u>

Können Sie mir eine leichte Tour/schwere Tour empfehlen?
Pourriez-vous me recommander une excursion facile/une excursion difficile?
Purjeh-<u>wuh</u> mö rökommah(n)<u>deh</u> ühn exkür<u>ßjon(g)</u> fa<u>ßil</u>/difi<u>ßil</u>

Können Sie mir eine interessante Tour auf der Wanderkarte zeigen?
Pourriez-vous me montrer une excursion intéressante sur la carte de randonnée?
Purjeh-<u>wuh</u> mö mohn<u>treh</u> ühn exkür<u>ßjon(g)</u> äh(n)tehres<u>sah(n)t</u> ßür la kart dö rah(n)don<u>neh</u>

Ist der Weg gut gesichert/markiert?
Le chemin est-il bien aménagé/balisé?
Lö schö<u>mäh(n)</u> ä<u>til</u> bjäh(n) amehna<u>ġeh</u>/bali<u>seh</u>

Auf der Wanderung

Entschuldigung, ist dies der Weg zum Mont-Dore?
Excusez-moi, c'est bien le chemin pour le Mont-Dore?
Exküseh-mo<u>a</u>, ßä bjäh(n) lö schö<u>mäh(n)</u> puhr lö Mon(g)-<u>Dor</u>

Da sind Sie richtig.
Oui, vous êtes sur le bon chemin.
Ui, wuh<u>sät</u> ßür lö bon(g) schö<u>mäh(n)</u>

Gibt es auch eine Abkürzung?
Y a-t-il un raccourci?
*Ja_til_ ön(g) rakur_ßi_*

Gehen Sie an der nächsten Weggabelung nach links und die zweite Möglichkeit wieder rechts.
A la prochaine fourche vous tournez à gauche et puis à la deuxième possibilité à droite.
*A la pro_schänn_ fursch wuh tur_neh_ a gohsch eh püi a la dös_jämm_ possibili_teh_ a dro_att_*

Wie viel Zeit spart man dadurch?
Combien de temps on gagne en prenant ce chemin?
*Ko(m)b_jäh(n)_ dö tah(m) on(g) _ganje_ an(g) prö_nah(n)_ ßö schö_mäh(n)_*

Eine gute halbe Stunde.
Une bonne demi-heure.
Ühn bonne dö_mi_-öhr

Ist der Weg gut gesichert?
Le sentier est bien aménagé?
*Lö ßah(n)_tjeh_ ä bjäh(n) amehna_ĝeh_*

Im Allgemeinen ja, aber Sie sollten nicht zu nahe am Abgrund gehen.
En général, oui. Mais vous ne devez pas marcher trop près de l'abîme.
*An(g) ĝehneh_ral_, ui. Mä wuh nö dö_weh_ pa mar_scheh_ troh prä dö la_bihm_*

Kann man unterwegs irgendwo einkehren?
Il est possible d'aller boire un pot sur le chemin?
*Il ä pos_sibl_ dal_leh_ bo_ahr_ ön(g) po ßür lö schö_mäh(n)_*

Auf halber Strecke ist eine sehr gute Crêperie.
A mi-chemin, il y a une très bonne crêperie.
*A mi-schö_mäh(n)_, il_ja_ ühn trä bonn kräp_ri_*

Ins Kino/Theater

Die wichtigsten Begriffe

Begriffe

Aufführung	la représentation *röprehsah(n)taßjon(g)*
Ausgang	la sortie *ßorti*
ausverkauft	complet *koh(m)pleh*
Ballett	le ballet *balläh*
Dirigent	le chef d'orchestre *schäff dorkestr*
Eingang	l'entrée (f) *lah(n)treh*
Eintrittskarte	le billet *bijeh*
Festival	le festival *festiwall*
Film	le film *film*
Garderobe	le vestiaire *westjähr*
Hauptrolle	le premier rôle *prömjeh rohl*

In den Großstädten, insbesondere in Paris, sind die Theater- und Opernaufführungen häufig mehrere Wochen im Voraus ausgebucht. Daher bestellen Sie am besten schon von zu Hause aus Tickets. Wer sich kurzfristig erst vor Ort für einen Besuch entschließt, sollte zuerst im jeweiligen Theater anrufen, um nach Restkarten zu fragen. Bei der Ticketbeschaffung helfen auch die Hotelportiers gern weiter.

Inszenierung	la mise en scène *mihsan(g) ßänn*
Kasse	la caisse *käss*
Komponist	le compositeur *koh(m)positör*

Urlaub

Die Plätze in Theatern und Musikhäusern werden nach den auch bei uns üblichen Kategorien unterschieden. Auch die Eintrittspreise bewegen sich in beiden Ländern etwa auf gleichem Niveau.

Galerie	**le paradis**	*paradi*
Loge	**la loge**	*loğ*
Parkett	**l'orchestre (m)/**	*lorkestr/*
	le fauteuil d'orchestre	*fotöj dorkestr*
Rang	**la galerie/le balcon**	*galöri/balkoh(n)*
Sperrsitz	**la stalle**	*ßtall*
Stehplatz	**la place debout**	*plahß döbu*
links	**à gauche**	*a gohsch*
Mitte	**au milieu**	*oh miljöh*
rechts	**à droite**	*a droatt*
Platz	**la place**	*plahß*
Reihe	**le rang**	*rah(ng)*

Konzert	le concert *koh(n)ßähr*
Musical	la comédie musicale *komehdi müsikal*
Notausgang	la sortie de secours *ßorti dößkuhr*
Oper	l'opéra (f) *lopehra*
Pause	l'entracte (m)/la pause *lah(n)trakt/pohs*
Platzanweiser	le placeur/l'ouvreuse (f) *plaßör/luwrös*
Programm	le programme *programm*
Schauspiel	le spectacle *ßpektakl*
Theater	le théâtre *teatr*
Vorstellung	la séance/la représentation *ßeah(n)ß/röprehsah(n)taßjon(g)*
Vorverkauf	la location *lokaßjon(g)*
Zuschauerraum	la salle de spectacle *ßall dö ßpektakl*

Die wichtigsten Redewendungen

> **Wendungen**

Haben Sie einen Spielplan?
Avez-vous un programme (des spectacles)?
Aweh-wuh ön(g) programm (deh Bpektakl)

Was wird heute Abend gespielt?
Qu'est-ce qu'on donne ce soir?
Keskon(g) donn Bö Boahr

Wann beginnt die Vorstellung?
À quelle heure commence le spectacle?
A kel öhr kommah(n)ß lö Bpektakl

Wann ist Einlass?
Quand est-ce que les portes seront ouvertes?
Kah(n) eskö leh port Beroh(n) uwährt

Wo bekommt man Karten?
Où est-ce qu'on peut acheter des billets?
U eskon(g) pö aschteh deh bijeh

Gibt es verbilligte Karten?
Est-ce qu'il y a une réduction?
Eskilja ühn rehdükßjon(g)

Kann ich Karten reservieren lassen?
Est-ce que je peux réserver des billets?
Eskö ğö pö rehserweh deh bijeh

Gibt es noch Karten an der Abendkasse?
On pourra avoir des billets sans réservation?
On(g) pura awoahr deh bijeh ßah(n) rehserwaßjon(g)

Bitte eine Karte für die Vorstellung.
Un billet pour la représentation, s'il vous plaît.
Ön(g) bijeh puhr la röprehsah(n)taßjon(g), ßil wuh plä

Ich hätte gern einen Platz in der Mitte.
Je voudrais une place au milieu.
ğö wudrä ühn plahß oh miljöh

Ermäßigung für
La réduction pour
La rehdükßjon(g) puhr
– Kinder
 les enfants
 lehsah(n)fah(n)
– Rentner/Senioren
 le troisième âge
 lö troasjämm ağ
– Studenten
 les étudiants
 lehsehtüdjah(n)

Urlaub

163

Wie viel kostet eine Karte?
C'est combien, un billet?
Bä ko(m)bjäh(n), ön(g) bijeh

Sind die Plätze nummeriert?
Est-ce que les places sont numérotées?
Eskö leh plahß ßon(g) nümehroteh

Kann ich bitte ein Programm haben?
Un programme, s'il vous plaît.
Ön(g) programm, ßil wuh plä

Wo ist die Garderobe?
Où sont les vestiaires?
U ßon(g) leh westjähr

Die Franzosen legen bei der Gestaltung ihres Kinoprogramms Wert auf Produktionen in eigener Sprache. Filme aus anderen Ländern werden zumeist nicht synchronisiert, sondern in der Originalversion mit französischen Untertiteln aufgeführt.

Erstaufführung	la première	*prömjähr*
Komödie	la comédie	*komehdi*
Kriminalfilm	le film policier	*film polißjeh*
Leinwand	l'écran (m)	*lehkrah(n)*
Originalfassung	la version originale	*werßjon(g) originall*
Regisseur	le réalisateur	*realisatör*
Spielfilm	le film	*film*
Untertitel	les sous-titres (m)	*ßu-titr*
Werbung	la publicité	*püblißiteh*
Zeichentrickfilm	les dessins animés (m)	*deßäh(n) animeh*

Was kommt heute Abend im Kino?
Qu'est-ce qu'il y a au cinéma ce soir?
Keskilja oh ßinehma ßö ßoahr

Wird der Film in Originalversion gezeigt?
Il est en version originale (v.o.), le film?
Il ätan(g) werßjon(g) originall (we oh), lö film

Ab welchem Alter ist der Film freigegeben?
Le film est autorisé à partir de quel age?
Lö film ätohtoriseh a partihr dö kel aĝ

An der Theaterkasse

Dialog

Haben Sie noch zwei Karten für die Abendvorstellung?
Vous avez encore deux billets pour la représentation de ce soir?
Wuhsaweh an(g)kohr dö bijeh puhr la röprehsah(n)taßjon(g) dö ßö ßoahr

Ja, allerdings nur im Sperrsitz.
Oui, mais seulement à la stalle.
Ui, mä ßöllman(g) a la ßtall

Ich würde lieber in einer Loge sitzen.
Je préférerais des billets de loge.
ğö prehfehrörä deh bijeh dö loğ

Tut mir leid, dort ist alles ausverkauft.
Je suis désolé, ils sont tous vendus.
ğö ßüi dehsoleh, il ßon(g) tuß wah(n)dü

Kann ich für morgen Karten reservieren?
Je peux réserver des billets pour demain?
ğö pö rehserweh deh bijeh puhr dömäh(n)

Ja. Für morgen können Sie auch noch Logenplätze bekommen.
Oui, et pour demain soir, je peux aussi vous donner des billets de loge.
Ui, eh puhr dömäh(n) ßoahr, ğö pö ohßi wuh donneh deh bijeh dö loğ

Dann nehme ich zwei.
Alors, j'en prends deux.
Alohr, ğan(g) prah(n) dö

400 Francs, bitte.
400 francs, s'il vous plaît.
Katrßah(ng) frah(ng), ßil wuh plä

Urlaub

Besichtigungstour

| Begriffe | Die wichtigsten Begriffe |

Landschaften

	Aussichtspunkt	le point de vue
		poäh(n) dö wü
	Botanischer Garten	le jardin des plantes
		ğardäh(n) deh plah(n)t
	Bucht	la baie
		bä
	Felsen	le rocher
		roscheh
	Fluss	la rivière
		riwjähr

Die Franzosen blicken auf eine lange Kulturtradition zurück. Die zahlreichen Denkmäler und sonstigen kulturellen Einrichtungen werden – insbesondere in der Metropole Paris – mit hohem finanziellen Aufwand instand gehalten bzw. unterstützt.
Auch die Architektur und der Städtebau werden vom Staat bzw. der jeweiligen Regierung als Prestige-Aufgabe angesehen. Frankreichs 1996 verstorbener langjähriger Staatspräsident François Mitterrand ließ beispielsweise in Paris eine ganze Reihe wegweisender Gebäude errichten – von der Pyramide des Louvre über die Nationalbibliothek bis hin zum Grande Arche im Viertel La Défense, der das monumentale westliche Ende der Königsachse Louvre – Champs-Elysées – Arc de Triomphe bildet.

Gebirge	les montagnes (f)
	moh(n)tanje
Hafen	le port
	pohr
Höhle	la grotte
	grott
Landschaft	le paysage
	päisağ
Nationalpark	le parc national
	park naßjonall
Naturschutzgebiet	le site naturel protégé
	ßit natürell protehğeh
Quelle	la source
	ßurß

See	le lac	
	lack	
Schlucht	la gorge	
	gorg̃	
Tal	la vallée	
	wall__eh__	
Tropfsteinhöhle	la grotte à concrétions	
	grott a koh(n)kreh__ßjon(g)__	
Wald	la forêt	
	for__ä__	
Wasserfall	la cascade	
	kask__ah__d	

Bauwerke

Abtei	l'abbaye (f)
	lab__äj__
Altstadt	la vieille ville
	wjej will
Arkade	l'arcade (f)
	lark__ah__d

Kunststile:

Barock	le baroque	*bar__ock__*
Expressionismus	l'expressionnisme (m)	*lexpressio__nisme__*
Gotik	le gothique	*got__ik__*
Impressionismus	l'impressionnisme (m)	*läh(m)pressio__nisme__*
Jugendstil	l'Art nouveau (m)	*lahr nu__wo__*
Klassizismus	le classicisme	*klassi__ßisme__*
Renaissance	la renaissance	*rönä__ßah(n)ß__*
Romanik	l'art roman (m)	*lahr ro__mah(n)__*
Romantik	le romantisme	*romah(n)__tisme__*

Kunstwerke:

Bild (Gemälde)	le tableau/la peinture	*ta__blo__/päh(n)__tühr__*
Bronze	le bronze	*broh(n)s*
Druck	la gravure	*gra__wühr__*
Fresko	la fresque	*fresk*
Keramik	la céramique	*ßehra__mik__*
Mosaik	la mosaïque	*mosa__ik__*
Plastik	la sculpture	*ßkül__tühr__*
Relief	le relief	*röl__jef__*
Schnitzerei	la sculpture sur bois	*ßkül__tühr__ ßür boa*
Skulptur	la sculpture	*ßkül__tühr__*
Vase	le vase	*wahs*
Wandmalerei	la peinture murale	*päh(n)__tühr__ mü__ral__*

Folgende Wörter könnten Sie bei der Besichtigung von Kirchen und Klöstern noch benötigen:

Altar	l'autel (m)	lo_tel_
Chor	le chœur	köhr
Chorgestühl	les stalles (f)	Btall
Decke	le plafond	pla_fon(g)_
Fassade	la façade	fa_Bad_
Fenster	la fenêtre	fö_nätr_
Gewölbe	la voûte	wut
Glocke	la cloche	klosch
Grabmal	la tombe	toh(m)b
Inschrift	l'inscription (f)	läh(n)ßkrip_ßjon(g)_
Kanzel	la chaire	schähr
Kapelle	la chapelle	scha_pell_
Kreuz	la croix	kro_a_
Kreuzgang	le cloître	klo_atr_
Krypta	la crypte	kript
Kuppel	la coupole	ku_poll_
Mittelschiff	la nef centrale	nef ßah(n)_tral_
Orgel	l'orgue (f)	lorg
Portal	le portail	por_taj_
Querschiff	le transept	trah(n)ßept
Rosette	la rosace	ro_sass_
Schatzkammer	le trésor	treh_sor_
Seitenschiff	la nef latérale	nef lateh_ral_
Wasserspeier	la gargouille	gar_guj_

Ausgrabungen	les fouilles (f) _fuj_
Bibliothek	la bibliothèque _biblio_täck_
Bogen	l'arc (m) _lark_
Börse	la bourse _buhrs_
Brücke	le pont _poh(n)_
Brunnen	la fontaine/le puits _foh(n)tänn/püj_
Burg	le château (fort) _scha_toh_ (for)_
Denkmal	le monument _monü_man(g)__

Dom	la cathédrale
	katehdral
Festung	le fort
	for
Friedhof	le cimetière
	ßimtjähr
Galerie	la galerie
	galeri
Gebäude	le bâtiment/l'édifice (m)
	batiman(g)/lehdifiß
Geburtshaus	la maison natale
	mähson(g) natal
Gemälde-	la collection de peintures
sammlung	*kollekßjon(g) dö päh(n)tühr*
Glockenturm	le clocher
	kloscheh
Grab	la tombe
	toh(m)b
Haus	la maison
	mähson(g)
Hof	la cour
	kuhr

In vielen Städten bieten die Touristeninformationen Faltblätter mit kommentierten Rundwegen durch das Stadtzentrum an. Hier erfahren Sie auch, ob und wann geführte Rundgänge stattfinden.

Innenstadt	le centre ville
	ßah(n)tr will
Kai	le quai
	kä
Kapelle	la chapelle
	schapell
Kathedrale	la cathédrale
	katehdral
Kirche	l'église (f)
	lehglihs
Kloster	le monastère
	monastähr
Markthalle	les halles (f)
	all

Museum	le musée *müseh*
Oper	l'opéra (f) *lopehra*
Palast	le palais *palä*
Park	le parc *park*
Platz	la place *plahß*
Rathaus	l'hôtel (m) de ville *lohtel dö will*
Ruine	les ruines (f) *rüihn*
Saal	la salle *ßall*
Schloss	le château *schatoh*
Stadtmauer	les remparts (m) *rah(m)pahr*
Stadtviertel	le quartier *kartjeh*
Statue	la statue *ßtatü*
Theater	le théâtre *teatr*
Tor	la porte *port*
Treppe	l'escalier (m) *leskaljeh*
Turm	la tour *tuhr*
Universität	l'université (f) *lüniwerßiteh*

Wendungen

Die wichtigsten Redewendungen

Welche Sehenswürdigkeiten gibt es hier?
Qu'est-ce qu'il y a à visiter ici?
Keskilja a wisiteh ißi

Wann hat das Museum geöffnet?
Quand est-ce que le musée est ouvert?
Kah(n)teskö lö müseh ätuwähr

Wie viel kostet der Eintritt?
C'est combien, l'entrée?
Bä ko(m)bjäh(n), lah(n)treh

Gibt es Führungen (auf Deutsch)?
Est-ce qu'il y a des visites guidées (en allemand)?
Eskilja deh wisit gideh (ahnalman(g))

Wann beginnt die Führung?
À quelle heure commence la visite guidée?
A kel öhr kommah(n)ß la wisit gihdeh

Haben Sie einen Führer/Katalog?
Vous avez un guide/catalogue?
Wuhsaweh ön(g) gihd/katalog

Darf man fotografieren?
Il est permis de prendre des photos?
Il ä permi dö prah(n)dr deh foto

Ermäßigung für
La réduction pour
La rehdükßjon(g) puhr
– Familien
 les familles
 leh famij
– Gruppen
 les groupes
 leh grup
– Kinder
 les enfants
 lehsah(n)fah(n)
– Rentner/Senioren
 le troisième âge
 lö troasjämm ăg

In den größeren, historisch bedeutsamen Städten werden Rundfahrten angeboten. In fast allen Ferienregionen können Sie zudem Tagesausflüge in die Umgebung buchen. Auskünfte erteilen die Touristeninformationen.

▶ Gibt es Stadrundfahrten?
 Est-ce qu'il y a des visites guidées en autocar?
 Eskilja deh wisit gideh ah(n)ohtokar
▶ Was kostet sie und wie lange dauert die Tour?
 Il coûte combien le tour, et combien de temps va-t-il dûrer?
 Il kutt ko(m)bjäh(n) lö tuhr, eh ko(m)bjäh(n) dö tah(m) watil düreh
▶ Wann geht es los und wann kommen wir zurück?
 On part à quelle heure et quand est-ce qu'on va revenir?
 On(g) pahr a kel öhr et kah(n) eskon(g) wa röwönihr
▶ Bitte eine Karte für die Ausflugsfahrt.
 Un billet pour l'excursion, s'il vous plaît.
 Ön(g) bijeh puhr lexkürßjon(g), ßil wuh plä
▶ Ich hätte gerne einen Platz für den Ausflug morgen.
 Je voudrais un billet pour l'excursion de demain.
 gö wudrä ön(g) bijeh puhr lexkürßjon(g) dö dömäh(n)

| Dialog | **Im Schloss auf dem Lande** |

Möchten Sie einen Führer haben?
Vous désirez un guide?
Wuh dehsireh ön(g) gihd

Gerne. Haben Sie auch Exemplare in Deutsch?
Volontiers. Vous en avez aussi en allemand?
Wolontjeh. Wuhsan(g) aweh ohßi ahnallman(g)

Leider nein, aber ich kann Ihnen ein Faltblatt auf Deutsch geben.
Malheureusement pas. Mais je peux vous donner un dépliant en allemand.
Malörösman(g) pa. Mä g̃ö pö wuh donneh ön(g) dehpliah(n) ahnallman(g)

Vielen Dank. Was ist besonders sehenswert?
Merci beaucoup. Qu'est-ce qu'il faut voir absolument?
Merßi boku. Keskil foh woahr apßolüman(g)

Die Gemäldesammlung im oberen Gang.
La collection de tableaux au premier étage.
La kollekßjon(g) dö tabloh oh prömmjeh ehtag̃

Gibt es auch eine Attraktion für Kinder?
Y a-t-il aussi une attraction pour les enfants?
Jatil ohßi ühn attrakßjon(g) puhr lehsah(n)fah(n)

Im Keller befindet sich eine voll eingerichtete Küche aus dem 19. Jahrhundert.
Dans la cave, il y a une cuisine complète du XIXe siècle.
Dah(n) la kahw, ilja ühn küisihn koh(m)plätt dü dihsnöwjämm ßjäkl

Das scheint mir sehr interessant zu sein.
Ça me semble très intéressant.
ßa mö ßah(m)bl träsäh(n)tehressah(n)

Fotografieren und Filmen

Die wichtigsten Begriffe

Begriffe

Aufnahme (Film)	la prise de vues et de son *prihs dö wüh eh dö ßoh(n)*
Aufnahme (Foto)	la photo *foto*
Batterie	la pile *pil*
Belichtungsmesser	le posemètre *pohsmätr*
Blitzgerät	le flash *flasch*
Camcorder	le caméscope *kamehßkopp*
Dia	la diapo(sitive) *djapo(sitiw)*
Diafilm	la pellicule pour diapos *pellikül puhr diapo*
Farbfilm	la pellicule couleurs *pellikül kulör*
Film	la pellicule/le film *pellikül/film*

Als Faustregel gilt, dass in Frankreich fotografisches Zubehör etwas teurer ist als bei uns. Fotografieren dürfen Sie außen fast überall. Bei Innenaufnahmen (insbesondere in Schlössern, Museen und Kirchen) ist es empfehlenswert, vorher zu fragen, ob Fotografieren erlaubt ist oder ob bestimmte Beschränkungen bestehen – z.B. keine Aufnahmen mit Blitzlicht gestattet sind. Außer in Fotogeschäften können Sie Filme und Zubehör auch in Tabak- und Schreibwarenläden (**bureau de tabac, papeterie**) erstehen.

Filmkamera	la caméra *kamehra*
Filter	le filtre *filtr*
Foto	la photo *foto*
Fotoapparat	l'appareil (m) photo *laparej foto*

Fotolabor	**le laboratoire photographique**
	laboratoahr fotografik
Motiv	**le motif**
	motif
Objektiv	**l'objectif (m)**
	lobğäktif
Objektiv- verschluss	**l'obturateur (m) d'objectif**
	lobtüratör dobğäktif
Schwarzweiß- film	**la pellicule noir et blanc**
	pellikül noahr eh blah(n)
Selbstauslöser	**le déclencheur automatique**
	dehklah(n)schör ohtomatik
Spiegelreflex- kamera	**la caméra à miroir réflecteur**
	kamehra a miroahr rehflektör
Stativ	**le (tré)pied**
	(treh)pjeh
Teleobjektiv	**le téléobjectif**
	tehlehobğäktif
Videokamera	**la caméra vidéo**
	kamehra wideo
Weitwinkel- objektiv	**l'objectif grand-angulaire**
	lobğäktif grah(n)dah(n)güläkr

Wendungen | ## Die wichtigsten Redewendungen

Darf man hier fotografieren?
On peut prendre des photos ici?
On(g) pö prah(n)dr deh foto ißi

Darf ich ein Foto von Ihnen machen?
Est-ce que je peux prendre une photo de vous?
Eskö ğö pö prah(n)dr ühn foto dö wuh

Könnten Sie ein Foto von uns machen?
Pourriez-vous prendre une photo de nous?
Purjeh-wuh prah(n)dr ühn foto dö nuh

Ich hätte gern einen Farbfilm.
Je voudrais une pellicule couleurs.
ğö wudrä ühn pellikül kulör

Ich hätte gerne eine (VHS-)Videokasette.
Une vidéo cassette (VHS), s'il vous plaît.
Ühn wideo kassett (We Asch Es), ßil wuh plä

Ich brauche eine Batterie für diesen Apparat.
Il me faut une pile pour cet appareil.
Il mö foh ühn pil puhr ßetaparej

Könnten Sie mir den Film einlegen?
Pourriez-vous me charger la pellicule?
Purjeh-wuh mö scharḡeh la pellikül

Können Sie meinen Fotoapparat reparieren?
Pourriez-vous réparer mon appareil photo?
Purjeh-wuh rehpareh mohnaparej foto

Der Auslöser funktioniert nicht.
Le déclencheur ne fonctionne pas.
Lö dehklah(n)schör ne fo(n)kßjonn pa

Der Fotoapparat transportiert den Film nicht.
L'appareil photo ne transporte pas la pellicule.
Laparej foto ne trah(n)ßport pa la pellikül

In den meisten Ferienorten finden Sie Läden, die gegen einen Aufpreis innerhalb von 24 Stunden Ihre Filme entwickeln und Ihnen Abzüge liefern.

abholen	**aller chercher**	*alleh scherscheh*
Abzug	**l'épreuve (f)**	*lehpröw*
Abzüge machen	**faire des tirages**	*fähr deh tiraḡ*
entwickeln	**développer**	*dehwloppeh*
Format	**le format**	*forma*
glänzend	**brillant**	*brijah(n)*
matt	**mat**	*ma*

▶ Ich möchte diesen Film entwickeln lassen.
Je voudrais faire développer cette pellicule.
ğö wudrä fähr dehwloppeh ßet pellikül

▶ Bitte einen Abzug im Format ... mal ... von jedem Negativ.
Une épreuve au format ... sur ... de chaque négatif, s'il vous plaît.
Ühn ehpröw oh forma ... Bür ... dö schack nehgatif, ßil wuh plä

▶ Wann sind die Abzüge fertig?
Quand est-ce que les épreuves seront prêts?
Kah(n) eskö leh tiraḡ ßeron(ḡ) prä

Dialog	## Probleme mit der Kamera

Meine Kamera transportiert den Film nicht.
Mon appareil photo ne transporte pas la pellicule.
Mohnapa<u>rej</u> fo<u>to</u> nö trah(n)ß<u>port</u> pa la pelli<u>kül</u>

Einen Moment, bitte. Ich öffne den Apparat in der Dunkelkammer.
Un moment, s'il vous plaît. Je vais ouvrir l'appareil dans la chambre noire.
Ön(g) mo<u>man(g)</u>, ßil wuh plä. ĝö wä u<u>wrihr</u> lapa<u>rej</u> dah(n) la schah(m)br no<u>ahr</u>

Das ist sehr freundlich von Ihnen.
C'est très gentil.
Bä trä ĝah(n)<u>ti</u>

Die Kamera ist in Ordnung, aber der Film ist gerissen.
L'appareil n'est pas en panne, mais la pellicule est déchirée.
Lapa<u>rej</u> näpasan(g) pann, mä la pelli<u>kül</u> ä dehschi<u>reh</u>

Sind meine Aufnahmen jetzt vernichtet?
Alors, les photos que j'ai prises sont détruites?
A<u>lohr</u>, leh fo<u>to</u> kö ĝeh prihs ßon(g) dehtrü<u>it</u>

Nein, ich kann ihn entwickeln, wenn Sie möchten.
Non, je peux la développer si vous voulez.
Non(g), ĝö pö la dehwlop<u>peh</u> ßi wuh wu<u>leh</u>

Gern. Wann kann ich die Abzüge abholen?
Volontiers. Quand est-ce que je pourrai venir chercher les tirages?
Wolo(n)<u>tjeh</u>. Kah(n) eskö ĝö pu<u>reh</u> wö<u>nihr</u> scher<u>scheh</u> leh ti<u>raĝ</u>

Morgen Nachmittag.
Demain après-midi.
Dö<u>mäh(n)</u> aprä-mi<u>di</u>

Beim Arzt

Die wichtigsten Begriffe

> Begriffe

Antibiotika	les antibiotiques (m) *ah(n)tibiotik*
Apotheke	la pharmacie *farmaßie*
Arzt	le médecin *mehdßäh(n)*
Atmung	la respiration *respiraßjon(g)*
Blut	le sang *ßahn(g)*
Blutdruck, hoch	l'hypertension sanguine (f) *lieperta(n)ßjon(g) ßah(n)güin*
Blutdruck, niedrig	l'hypotension sanguine (f) *liepota(n)ßjon(g) ßah(n)güin*
Bruch	la fracture *fraktühr*
sich erbrechen	vomir *womir*
HIV-positiv	séropositif/ -tive *ßehropositif/ -tiw*
Impfung	la vaccination *wakßinaßjon(g)*

> Ich habe Schmerzen ...
> **J'ai mal à ...**
> *ßeh mall a ...*

> Ich bin krank.
> **Je suis malade.**
> *ßö ßüi malahd*

> Ich habe mich verletzt.
> **Je me suis blessé(e).**
> *ßö mö ßüi blesseh*

> Mir ist übel.
> **Je me sens mal.**
> *ßö mö ßah(n) mall*

Je nach Art Ihrer Beschwerden könnte der Mediziner einige Informationen über Ihre Krankengeschichte benötigen. Es empfiehlt sich in jedem Fall, die Impfpässe aller Familienmitglieder mit auf die Reise zu nehmen und auch sonstige Unterlagen (z.B. Allergiepässe) nicht zu vergessen.

Wichtig ist auch ein internationaler Krankenschein, den Sie bei Ihrer Krankenkasse kostenlos bekommen. Er vereinfacht die Behandlungsformalitäten im Ausland, wird jedoch nicht von allen französischen Ärzten akzeptiert. Sollte der Mediziner auf einer Privatrechnung bestehen, bekommen Sie die Kosten von Ihrer Kasse nach Einreichen der Rechnung zurückerstattet – allerdings nur bis zu dem in Deutschland üblichen Kostensatz für die jeweilige Erkrankung. Wer ganz sichergehen will, sollte eine private Reisezusatzversicherung abschließen. Sie gewährleistet die Übernahme aller Kosten und sieht im Notfall auch einen kostenlosen Rücktransport nach Deutschland vor.

Notfälle

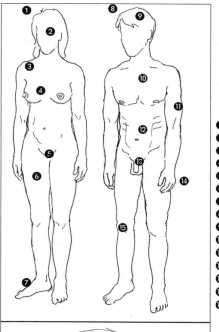

1. la femme
2. le visage
3. l'épaule (f)
4. le sein
5. le vagin
6. la jambe
7. le pied
8. l'homme (m)
9. les cheveux (m)
10. la poitrine
11. le bras
12. le ventre
13. le pénis
14. la main
15. le genou

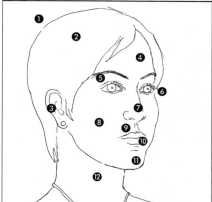

1. la tête
2. les cheveux (m)
3. l'oreille (f)
4. le front
5. le sourcil
6. l'œil (m; Pl.: les yeux)
7. le nez
8. la joue
9. la bouche
10. les lèvres (f)
11. le menton
12. le cou

Die wichtigsten Krankheiten und Beschwerden im Überblick:

Allergie	l'allergie (f)	lallerǵie
Asthma	l'asthme (m)	lastm
Blinddarmentzündung	l'appendicite (f)	appah(n)diẞit
Brechreiz	la nausée	noseh
Diabetes	le diabète	djabät
Durchfall	la diarrhée	djareh
Entzündung	l'inflammation (f)	läh(n)flammaẞjon(g)
Erkältung	le rhume	rüm
Fieber	la fièvre	fjäwr
Gehirnerschütterung	la commotion cérébrale	komoẞjon(g) ẞehrehbral
Grippe	la grippe	grip
Herzanfall	la crise cardiaque	krihs kardjak
Heuschnupfen	le rhume des foins	rüm deh foäh(n)
Husten	la toux	tu
Krebs	le cancer	kah(n)ẞär
Kreislaufprobleme	les troubles circulatoires	trubl ẞirkülatoghr
Lähmung	la paralysie	paralisie
Lungenentzündung	la pneumonie	pnömonie
Magengeschwür	l'ulcère gastrique (m)	lülẞähr gastrik
Migräne	la migraine	migränn
Reisekrankheit	le mal des voyages	mall deh woajaǵ
Rheuma	le rhumatisme	rümatisme
Schnupfen	le rhume	rüm
Sonnenbrand	le coup de soleil	ku dö ẞolej
Sonnenstich	l'insolation (f)	läh(n)ẞolaẞjon(g)
Verbrennung	la brûlure	brülür
Vergiftung	l'empoisonnement (m)	lah(m)poasonnman(g)
Verstopfung	la constipation	koh(n)ẞtipaẞjon(g)

Krankenhaus	l'hôpital (m) *lopital*
Krankenkasse	la caisse de maladie *käss dö maladi*
Krankenschein	la feuille de maladie *föj dö maladi*
Krankenversicherung	l'assurance (f) maladie *lassürah(n)ẞ maladi*
Krankheit	la maladie *maladi*
Medikament, Mittel	le remède/le médicament *römäd/mehdikaman(g)*
Notarzt	le médecin de secours *mehdẞäh(n) döẞkur*

Notfälle

	ohnmächtig sein	s'être évanoui
		ßätr ehwanui
	Puls	le pouls
		pu
verbinden	Rechnung	la facture
panser		*faktühr*
pah(n)ßeh		
	Rezept	l'ordonnance (f)
		lordonah(n)ß
röntgen	Röntgen-	la radiographie
faire une radiographie	aufnahme	*radjografi*
fähr ühn radjografi	Salbe	la pommade
		pommad
verschreiben	Schmerz	la douleur
ordonner		*dulör*
ordonneh		
	Schock	le choc
		schock
	Schwangerschaft	la grossesse
		grosseß
	schwanger sein	être enceinte
		ätr ah(n)ßäh(n)t
	Schwindel	les vertiges (m)
		wertiĝ
	Sprechzimmer	le cabinet de consultation
		kabineh dö koh(n)ßültaßjon(g)
	Spritze	la piqûre
		pikühr
	Stuhlgang	les selles (f)
		ßell

Sollten Sie zur Behandlung im Krankenhaus sein, könnten Sie die folgenden Begriffe benötigen:

Aufnahme	**l'hospitalisation (f)**	*lospitalisaßjon(g)*
Besuchszeit	**les heures (f) de visite**	*lehsöhr dö wisit*
Bettruhe	**l'alitement (m)**	*lalitmon(g)*
Narkose	**l'anesthésie (f)**	*lanestehsie*
Chefarzt	**le médecin chef**	*mehdßäh scheff*
Einzelzimmer	**la chambre individuelle**	*schah(m)br äh(n)diwidüel*
Kostenerstattung	**la restitution des frais**	*restitüßjon(g) deh frä*
Krankenhausaufenthalt	**le séjour à l'hôpital**	*ßehĝuhr a lopital*
Notaufnahme	**les urgences (f)**	*ührĝah(n)ß*
Operation	**l'opération (f)**	*lopehraßjon(g)*
Rücktransport	**le rapatriement**	*rapatrimon(g)*

Tablette	**le comprimé**
	koh(m)primeh
Tropfen	**la goutte**
	gutt
Übelkeit	**le mal au cœur**
	mal o köhr
Unfall	**l'accident (m)**
	lakßidan(g)
Untersuchung	**l'examen médical (m)**
	leksamäh(n) mehdikal
Urin	**l'urine (f)**
	lürihn
Verstauchung/	**l'entorse (f)/la foulure**
Zerrung	*lah(n)tors/fulühr*
Wartezimmer	**la salle d'attente**
	ßall dattah(n)t
Wunde	**la blessure/la plaie**
	blessühr/plä

Die wichtigsten Redewendungen *Wendungen*

Können Sie mir einen praktischen Arzt empfehlen?
Connaissez-vous un bon généraliste?
Konnässeh-wuh ön(g) bon(g) ǧehnehralist

Rufen Sie bitte sofort einen Arzt!
Appelez tout de suite un médecin, s'il vous plaît!
Apleh tuttßwitt ön(g) mehdßäh(n), ßil wuh plä

Meine Frau ist schwer verletzt.
Ma femme est gravement blessée.
Ma famm ä grawman(g) blesseh

Ich brauche ein Mittel gegen Grippe.
J'ai besoin d'un médicament contre la grippe.
ǧeh bösoäh(n) dön(g) medikaman(g) koh(n)tr la grip

Ich habe Halsschmerzen.
J'ai mal à la gorge.
ǧeh mall a la gorǧ

Ich habe mich erkältet.
J'ai attrapé un rhume.
ğeh atrapeh ön(g) rüm

Die letzte Impfung ist fünf Jahre her.
La dernière vaccination remonte à cinq ans.
La dernjähr wakßinaßjon(g) römoh(n)t a Bänkah(n)

Können Sie mir bitte etwas gegen den Schmerz verschreiben?
Pourriez-vous me donner quelque chose contre les douleurs, s'il vous plaît?
Purjeh-wuh mö donneh kelkschohs koh(n)tr leh dulör, ßil wuh plä

Muss ich noch einmal herkommen?
Faut-il que je revienne encore une fois?
Fohtil kö ğö röwjenn an(g)kohr ühn foa

Ich brauche eine Rechnung für die Versicherung.
J'ai besoin d'une facture pour l'assurance.
ğeh bösoäh(n) dühn faktühr puhr lassürah(n)ß

Wie lautet Ihre Diagnose?
Quel est votre diagnostic?
Kell ä wotr djagnostik

Falls Sie einen Spezialisten aufsuchen müssen, benötigen Sie die folgenden Berufsbezeichnungen:

Augenarzt	l'oculiste (m)	lokkülist
Chirurg	le chirurgien	schirürğjäh
Frauenarzt	le gynécologue	ğinäkolog
Hals-Nasen-Ohren-Arzt	l'oto-rhino-laryngologiste	loto-rino-laräh(n)gologist
Hautarzt	le dermatologue	dermatolog
Homöopath	l'homéopathe (m)	lomeopatt
Internist	le spécialiste des maladies internes	ßpehßjalist deh maladi äh(n)tern
Kinderarzt	le pédiatre	pehdjatr
Neurologe	le neurologue	nöhrolog
praktischer Arzt	le généraliste	ğehnehralist
Psychologe	le psychologue	psikolog
Urologe	l'urologue (m)	lürolog
Zahnarzt	le dentiste	dah(n)tist

Wie lange muss ich im Krankenhaus bleiben?
Combien de temps faut-il que je reste à l'hôpital?
*Ko(m)bjäh(n) dö tah(m) foh_til_ kö ğö rest a lopi_tal_*

Ich möchte mit dem Chefarzt sprechen.
Je voudrais parler au médecin chef.
ğö wud_rä_ par_leh_ oh mehd_ßäh_ scheff

Wann können wir unsere Reise fortsetzen?
Quand est-ce que nous pouvons continuer notre voyage?
*Kah(n) eskö nuh puwo(h)n koh(n)tinü_eh_ notr woaja_ğ_*

Beim Arzt

Ich bin mit dem linken Fuß umgeknickt.
Je me suis foulée le pied gauche.
ğö mö ßüi̱ fu_leh_ lö pjeh gohsch

Tut es Ihnen hier weh?
Ça vous fait mal là?
ßa wuh fä mal la

Etwas weiter unten. Ja, da.
Un peu plus bas. Oui, là.
Ön(g) pö plü ba. Ui̱, la

Ich mache eine Röntgenaufnahme.
Je vais faire une radio.
*ğö wä fähr ühn rad_jo_*

Haben Sie auch etwas gegen die Schmerzen?
Vous avez aussi quelque chose contre les douleurs?
*Wuhsa_weh_ oh_ßi_ kelk_schohs_ koh(n)tr leh du_lör_*

Notfälle

Ich gebe Ihnen eine Spritze.
Je vais vous faire une piqûre.
ŋö wä wuh fähr ühn pik<u>ühr</u>

Was zeigt das Röntgenbild?
Qu'est-ce qu'on voit sur la radio?
Keskon(g) woa ßür la rad<u>jo</u>

Ihr Fuß ist nicht gebrochen.
Votre pied n'est pas cassé.
Wotr pjeh nä pa kas<u>seh</u>

Ich brauche also keinen Gipsverband?
Je n'ai donc pas besoin d'un plâtre?
ŋö neh doh(n)k pa bösoä<u>h(n)</u> dön(g) plahtr

Nein. Ich verschreibe Ihnen eine Creme.
Non. Je vous ordonne une crème.
Non(g). ŋö wuh or<u>donn</u> ühn krämm

Kann ich den Fuß normal belasten?
Est-ce que je peux m'appuyer normalement sur mon pied?
Eskö ŋö pö mapüi<u>jeh</u> normal<u>man(g)</u> ßür mon(g) pjeh

Drei Tage müssen Sie das Bein schonen.
Vous devez bien ménager votre jambe pendant trois jours.
Wuh dö<u>weh</u> bjäh(n) mehna<u>ŋeh</u> wotr ŋah(m)b pah(n)<u>dah(n)</u> troa ŋuhr

Schreiben Sie mir bitte eine Rechnung?
Pourriez-vous me faire une facture, s'il vous plaît?
Purjeh-<u>wuh</u> mö fähr ühn fak<u>tühr</u>, ßil wuh plä

Sagen Sie bitte der Sprechstundenhilfe Bescheid.
Dites à mon assistante qu'elle vous en fasse une.
Dit a mohnassis<u>tah(n)t</u> kel wuh an(g) fass ühn

Beim Zahnarzt

Die wichtigsten Begriffe

> Begriffe

Behandlung	les soins dentaires (m)
	leh ßoäh(n) dah(n)tähr
Betäubung	l'anesthésie (f)
	lanestehsie
bohren	fraiser une dent
	freseh ühn dah(n)
Brücke	le bridge
	bridg̃
Entzündung	l'inflammation (f)
	läh(n)flammaßjon(g)
Füllung	le plombage
	ploh(m)bag̃
Gebiss	le dentier
	dah(n)tjeh
Karies	la carie
	karih
Kiefer	la mâchoire
	maschoahr
Krankenkasse	la caisse de maladie
	käss dö maladi
Krankenversicherung	l'assurance (f) maladie
	lassürah(n)ß maladi
Krone	la couronne
	kuronn
Loch	le trou
	tru
Medikament, Mittel	le remède/le médicament
	römäd/mehdikaman(g)
Mund	la bouche
	busch
Nerv	le nerf
	ner
Röntgenaufnahme	la radiographie
	radjografi
Schmerz	la douleur
	dulör

Füllung
– aus Amalgam
  en amalgame
  ahnamalgamm
– aus Gold
  en or
  ahnor
– aus Kunststoff
  en résine composite
  an(g) rehsihn koh(m)posit
– aus Porzellan
  en porcelaine
  an(g) porßölänn

Notfälle

	Sprechzimmer	le cabinet de consultation *kabineh dö koh(n)ßültaßjon(g)*
	Spritze	la piqûre *pikühr*
	spülen	rincer *räh(n)ßeh*
	Tablette	le comprimé *ko(m)primeh*
	Untersuchung	l'examen médical (m) *leksamäh(n) mehdikal*
	Wartezimmer	la salle d'attente *ßall dattah(n)t*
Augen-, Eckzahn **la canine** *kannihn*	Wurzel	la racine *raßihn*
	Zahn	la dent *dah(n)*
Backenzahn **la molaire** *molähr*	Zahnarzt	le dentiste *dah(n)tist*
	Zahnarztpraxis	le cabinet de dentiste *kabineh dö dah(n)tist*
Milchzahn **la dent de lait** *dah(n) dö lä*	Zahnbelag	le tartre *tartr*
	Zahnfleisch	la gencive *ğah(n)ßiw*
Schneidezahn **l'incisive (f)** *läh(n)ßisiw*	Zahnfleisch- bluten	la gingivorragie *ğäh(n)ğiworaği*
	Zahnprothese	la prothèse dentaire *protähs dah(n)tähr*
Weisheitszahn **la dent de sagesse** *dah(n) dö ßağess*	Zahnschmerzen	le mal aux dents *mall o dah(n)*
	ziehen	arracher/extraire *arrascheh/exträhr*

Die Bezeichnungen für Zahnpflegeartikel lauten:

Mundwasser	l'eau dentifrice (f)	*loh dah(n)tifriß*
Zahnband	le ruban dentaire	*rübah(n) dah(n)tähr*
Zahnbürste	la brosse à dents	*bross a dah(n)*
Zahnpasta	le dentifrice	*dah(n)tifriß*
Zahnpflege- kaugummi	le chewing-gum dentifrice	*schuing-göm dah(n)tifriß*
Zahnpulver	la poudre dentifrice	*pudr dah(n)tifriß*
Zahnseide	le fil dentaire	*fil dah(n)tähr*

Die wichtigsten Redewendungen

> *Wendungen*

Ich habe Zahnschmerzen.
J'ai mal aux dents.
ğeh mall o dah(n)

Mir tut dieser Zahn weh.
C'est cette dent-là qui me fait mal.
ßä ßett dah(n)-la ki mö fä mall

Ich habe eine Plombe verloren.
J'ai perdu un plombage.
ğeh per<u>dü</u> ön(g) ploh(m)<u>bağ</u>

Bitte geben Sie mir eine Spritze.
Faites-moi une piqûre, s'il vous plaît.
Fätt-mo<u>a</u> ühn pi<u>kühr</u>, ßil wuh plä

Ich möchte keine Amalgamfüllung.
Je ne veux pas de plombage en amalgame.
ğö nö wö pad ploh(m)<u>bağ</u> ahnamal<u>gamm</u>

Bitte ziehen Sie den Zahn nicht.
S'il vous plaît, n'arrachez pas la dent.
ßil wuh plä, nara<u>scheh</u> pa la dah(n)

Könnten Sie mir bitte ein Schmerzmittel verschreiben?
Pourriez-vous me donner un calmant sédatif, s'il vous plaît?
Purjeh-<u>wuh</u> mö don<u>neh</u> ön(g) kal<u>man(g)</u> ßehda<u>tif</u>, ßil wuh plä

Wann muss ich wiederkommen?
Quand faut-il que je revienne?
Kah(n) foh<u>til</u> kö ğö röw<u>jenn</u>

Könnten Sie mir bitte eine Rechnung schreiben?
Pourriez-vous me faire une facture, s'il vous plaît?
Purjeh-<u>wuh</u> mö fähr ühn fak<u>tühr</u>, ßil wuh plä

Notfälle

| *Dialog* | **Beim Zahnarzt** |

Ich habe Schmerzen am Eckzahn oben links.
J'ai mal en haut à gauche à la canine.
ğeh mal an(g) oh a gohsch a la ka<u>nihn</u>

Der Zahn ist abgebrochen.
La dent est ébréchée.
La dah(n) ä ehbreh<u>scheh</u>

Muss er gezogen werden?
Faut-il l'arracher?
Foh<u>til</u> lara<u>scheh</u>

Nein. Ich mache Ihnen eine Brücke.
Non. Je vous fais un bridge.
Non(g). ğö wuh fäsön(g) bridğ

Auch der Backenzahn tut mir weh.
La molaire me fait mal aussi.
La mo<u>lähr</u> mö fä mal oh<u>ßi</u>

Er hat ein Loch. Ich mache Ihnen eine Füllung.
Elle est trouée. Je vous fais un plombage.
El ä tru<u>eh</u>. ğö wuh fäsön(g) ploh(m)<u>bağ</u>

Geben Sie mir bitte eine Betäubungsspritze.
S'il vous plaît, faites-moi une piqûre anesthésique.
ßil wuh plä, fätt-moa ühn pi<u>kühr</u> anesteh<u>sik</u>

Sie dürfen zwei Stunden lang nichts essen.
Vous n'avez pas le droit de manger pendant deux heures.
Wuh na<u>weh</u> pa lö dro<u>a</u> dö mah(n)<u>ğeh</u> pah(n)<u>dah(n)</u> dö<u>söhr</u>

Vielen Dank, Herr Doktor. Auf Wiedersehen.
Merci beaucoup, monsieur. Au revoir.
Mer<u>ßi</u> bo<u>ku</u>, möß<u>jöh</u>. Oh röwo<u>ahr</u>

In der Apotheke

Die wichtigsten Begriffe

Begriffe

Apotheke	la pharmacie *farmaßie*
Apotheker	le pharmacien *farmaßjäh(n)*
Beipackzettel	la notice *notiß*
Fieberthermometer	le thermomètre médical *termomätr mehdikal*
Heftpflaster	le sparadrap/le tricostéril *ßparadra/trikoßtehril*
homöopathisch	homéopathique *omeopatik*
Kondom	le préservatif *prehserwatif*
Medikament, Mittel	le médicament/le remède *mehdikaman(g)/römäd*
Mullbinde	la bande de gaze *bah(n)d dö gas*

Beim Medikamentenkauf in der Apotheke sind folgenden Begriffe nützlich:

Abführmittel	le laxatif	*laxatif*
Antibabypille	la pilule	*pilül*
Antibiotikum	l'antibiotique (m)	*lah(n)tibiotik*
Aspirin	l'aspirine (f)	*laspirihn*
Beruhigungsmittel	le calmant	*kalman(g)*
Hustensaft	le sirop contre la toux	*ßirop koh(n)tr la tu*
Insulin	l'insuline (f)	*läh(n)ßülihn*
Jod	l'iode (m)	*liod*
Kohletabletten	comprimés (m) de charbon	*komprimeh dö scharbon(g)*
Kreislaufmittel	le remède pour la circulation du sang	*römäd puhr la ßirkülaßjon(g) dü ßahn(g)*
Mückenstichgel	le gel contre les piqûres de moustiques	*ǧel koh(n)tr leh pikühr dö mustik*
Schlaftabletten	les somnifères (m)	*ßomnifähr*
Schmerzmittel	l'analgésique (m)	*lanalǧehsik*
Sonnenbrandsalbe	la pommade contre les coups de soleil	*pommad koh(n)tr leh ku dö ßolej*
Wundsalbe	la pommade cicatrisante	*pommad ßikatrisah(n)t*

Notfälle

Nachtdienst	**la garde de nuit**
	gard dö nüi
Rezept	**l'ordonnance (f)**
	lordonah(n)ß
Spritze	**la piqûre**
	pikühr

Wendungen — Die wichtigsten Redewendungen

Haben Sie ein Fieber senkendes Mittel?
Avez-vous un fébrifuge?
Aweh-wuh ön(g) fehbrifuǧ

Ich brauche ein Mittel gegen Sonnenbrand.
J'ai besoin d'un remède contre les coups de soleil.
ǧeh bösoäh(n) dön(g) römäd koh(n)tr leh ku dö ßolej

Medikamentenart

Puder
la poudre
puhdr

Wie viel kostet die Salbe gegen Insektenstiche?
La pommade contre les piqûres d'insectes, elle coûte combien?
La pommad koh(n)tr leh pikür däh(n)ßekt, el kutt ko(m)bjäh(n)

Salbe
la pommade
pommad

Wann muss ich die Halsschmerztabletten einnehmen?
Quand est-ce que je dois prendre les comprimés contre le mal de gorge?
Kah(n) eskö ǧö doa prah(n)dr les ko(m)primeh koh(n)tr lö mall dö gorǧ

Tabletten
les comprimés (m)
ko(m)primeh

Tropfen
les gouttes (f)
gutt

Haben Sie auch homöopathische Tropfen?
Avez-vous aussi des gouttes homéopathiques?
Aweh-wuh ohßi deh gutt omeopatik

Zäpfchen
les suppositoires (m)
ßüpositoahr

Ich brauche noch eine Quittung, bitte.
J'aurais besoin d'un reçu, s'il vous plaît.
ǧorä bösoäh(n) dön(g) rößü, ßil wuh plä

Zum besseren Verstehen der Beipackzettel dienen Ihnen die folgenden
Begriffe und Formulierungen:

ärztliche Anweisung **la prescription du médecin** *la prehßkripßjon(g) dü mehdßäh(n)* • vor/nach den Mahlzeiten **avant/après les repas** *awah(n)/aprä leh röpa* • mehrmals täglich **plusieurs fois par jour** *plüsjöhr foa par ǧuhr* • im Mund zergehen lassen **laisser fondre dans la bouche** *lässeh foh(n)dr dah(n) la busch* • unzerkaut schlucken **avaler sans croquer** *awaleh ßah(n) krokeh* • Gegenanzeigen **les contre-indications (f)** *koh(n)tr-äh(n)dikaßjon(g)* • Nebenwirkungen **les effets secondaires (m)** *effä ßäkoh(n)dähr*

In der Apotheke

Dialog

Ich brauche etwas gegen Durchfall.
Il me faut quelque chose contre la diarrhée.
Il mö foh kelk schohs koh(n)tr la djareh

Haben Sie auch Fieber?
Vous avez aussi de la fièvre?
Wuhsaweh ohßi dö la fjäwr

Nein, aber ich habe kaum Appetit.
Non, mais je n'ai guère d'appétit.
Non(g), mä ǧö nä gähr dapehti

Ich gebe Ihnen Kohletabletten.
Je vous donne des comprimés de charbon.
ǧö wuh donn deh ko(m)primeh dö scharbon(g)

Wie oft muss ich sie einnehmen?
Combien de fois faut-il en prendre?
Ko(m)bjäh(n) dö foa fohtil an(g) prah(n)dr

Dreimal täglich eine nach dem Essen.
Vous prenez trois par jour après les repas.
Wuh pröneh troa par ǧuhr aprä leh röpa

Bei der Polizei

Begriffe	Die wichtigsten Begriffe

Anzeige	la déclaration/la plainte *dehklaraßjon(g)/pläh(n)t*
Ausweis	les papiers (m) *papjeh*
belästigen	importuner *äh(m)portüneh*
Bescheinigung	l'attestation (f) *latestaßjon(g)*
Dieb	le voleur *wolör*
Diebstahl	le vol *woll*
Einbruch	le cambriolage *kah(m)briolaĝ*
Fundbüro	le bureau des objets trouvés *büro dehsobĝä truweh*
Gefängnis	la prison *prison(g)*
Gericht	le tribunal *tribünal*
Konsulat	le consulat *koh(n)ßüla*
Opfer	le victime *wiktihm*
Polizei	la police *poliß*
Polizist	l'agent (m) de police/le policier/le flic *laĝan(g) dö poliß/polißjeh/flik*
Polizeirevier	le commissariat (de police) *kommissaria (dö poliß)*
Promille	le taux d'alcoolémie *toh dalkollehmie*
Rauschgift	la drogue *drog*

Waffen

Knüppel
la matraque
matrak

Messer
le couteau
kuto

Pistole
le pistolet/le revolver
pistoleh/röwolwähr

Schlagring
le coup-de-poing
kudöpoä(ng)

Folgende Gegenstände werden Urlaubern am häufigsten gestohlen:

Armbanduhr	la montre	*moh(n)tr*
Auto	la voiture	*woatühr*
Autoradio	l'autoradio (m)	*lotoradjo*
Brieftasche	le portefeuille	*portföj*
Fahrkarte	le billet	*bijeh*
Fahrrad	la bicyclette/le vélo	*bißiklett/wehlo*
Fotoapparat	l'appareil (m) photo	*lapparej foto*
Führerschein	le permis de conduire	*permi dö koh(n)düihr*
Geld	l'argent (m)	*larĝan(g)*
Gepäck	les bagages (m)	*bagaĝa*
Handtasche	le sac à main	*Bak a mäh(n)*
Koffer	la valise	*walihs*
Kreditkarte	la carte de crédit	*kart dö krehdi*
Personalausweis	la carte d'identité	*kart didah(n)titeh*
Portemonnaie	le porte-monnaie	*portmonä*
Reisepass	le passeport	*passpohr*
Scheckkarte	la carte de chèque	*kart dö scheck*
Schecks	les chèques (m)	*scheck*
Schlüssel	les clés (f)	*kleh*
Schmuck	les bijoux (m)	*biĝu*
Tasche	le sac	*Bak*

Rechtsanwalt	l'avocat (m)	*lawoka*
Reisepass	le passeport	*passpohr*
Richter	le juge	*ĝüĝ*
Schlägerei	la bagarre	*bagar*
Schuld	la faute	*foht*
Strafzettel	la contravention	*koh(n)trawah(n)ßjo(ng)*
Taschendieb	le voleur à la tire	*wolör a la tihr*
Überfall	l'agression (f)	*lagreßjon(g)*
Unfall	l'accident (m)	*lakßidan(g)*
unschuldig sein	être innocent(e)	*ätr innoßahn(t)*

Notfälle

Verbrechen	le crime	
	krim	
Vergewaltigung	le viol	
	wi<u>o</u>l	
verhaften	arrêter	
	arä<u>te</u>h	
verlieren	perdre	
	perdr	
Versicherung	l'assurance (f)	
	lassü<u>rah(n)</u>ß	
Waffe	l'arme (f)	
	larm	
Zeuge	le témoin	
	tehmo<u>ä</u>	

Wendungen

Die wichtigsten Redewendungen

Wo ist das nächste Polizeirevier?
Où est le commissariat de police le plus proche?
U ä lö kommissari<u>a</u> dö po<u>liß</u> lö plü prosch

Wir möchten einen Diebstahl anzeigen.
Nous voudrons déposer une plainte pour vol.
Nuh wu<u>dron(g)</u> dehpo<u>seh</u> ühn pläh(n)t puhr wol

Unser Gepäck wurde uns gestohlen.
On nous a volé nos bagages.
On(g) nuhsa wo<u>leh</u> noh ba<u>gahg</u>

Ich habe mein Personalausweis verloren.
J'ai perdu ma carte d'identité.
ĝeh per<u>dü</u> ma kart didah(n)ti<u>teh</u>

Mein Mann ist seit zwei Tagen verschwunden.
Mon mari a disparu il y a deux jous.
Mon(g) ma<u>rie</u> a dispa<u>rü</u> il<u>ja</u> dö ĝuhr

In unser Zimmer wurde eingebrochen.
On a cambriolé notre chambre.
Ohna kah(m)brio<u>leh</u> notr schah(m)br

Wertsachen sollten grundsätzlich nicht (offen) im Auto liegen gelassen werden. Diese Sicherheitsregel gilt auch, wenn das Fahrzeug auf einem bewachten Parkplatz abgestellt worden ist. Die Versicherung zahlt in der Regel nicht beim Verlust von fahrlässig im Wagen zurückgelassenen Wertsachen. Eine weitere Selbstverständlichkeit: Schecks und Scheckkarte sollten niemals zusammen aufbewahrt werden.

Besonders Ausweise, Scheck- und Kreditkarten, Geld, Papiere und Reiseunterlagen sollten nie unbeaufsichtigt bleiben. Es empfiehlt sich, die wichtigsten Dokumente vor der Reise zu kopieren und die Kopien getrennt vom übrigen Reisegepäck aufzubewahren.

Ich brauche eine Bescheinigung für meine Versicherung in Deutschland.
J'ai besoin d'une attestation pour mon assurance en Allemagne.
ǧeh bösoäh(n) dühn attestaßjon(g) puhr mohnassürah(n)ß ahnallmanje

Ich möchte bitte einen Anwalt anrufen.
Je voudrais téléphoner à un avocat, s'il vous plaît.
ǧö wudrä tehlehfoneh a ön(g) awoka, ßil wuh plä

Wie lautet die Adresse des deutschen Konsulats?
Vous auriez l'adresse du consulat allemand?
Wuhsohrijeh ladreß dü koh(n)ßüla allman(g)

Ich möchte einen Unfall anzeigen.
Je voudrais faire une déclaration d'accident.
ǧö wudrä fähr ühn dehklaraßjon(g) dakßidan(g)

Hier sind Name und Telefonnummer eines Zeugen.
Voilà le nom et le numéro de téléphone d'un témoin.
Woala lö no(m) e lö nümehro dö tehlehfonn dön(g) tehmoä

Verzweifeln Sie nicht, falls Ihr Anliegen bei der Polizei über die üblichen – in diesem Buch skizzierten – Sachverhalte hinausgehen sollte: Die Polizeiwachen in von Touristen frequentierten Regionen Frankreichs sind in der Regel auf Sprachprobleme bestens vorbereitet und daher entsprechend mit Wörterbüchern ausgestattet.

Notfälle

| *Dialog* | ## Auf der Polizeiwache |

Mein Auto wurde aufgebrochen und beschädigt.
Ma voiture a été cambriolée et endommagée.
*Ma woat_ühr_ a eht_eh_ kah(m)briol_eh_ eh ah(n)doma_ğeh_*

Wurde etwas gestohlen?
On a volé quelque chose?
*Ohna vol_eh_ kelk_schohs_*

Das Autoradio. Die Zündung ist defekt.
L'autoradio. L'allumage ne marche plus.
Lohtoradi_o_. Lallüm_ağ_ nö marsch plü

Wo ist das passiert?
Où ça s'est passé?
*U ßa ßä pass_eh_*

Auf dem Parkplatz an der Oper.
Sur le parking devant l'opéra.
*Bür lö par_king_ döw_ah(n)_ lopehr_a_*

Ich gebe Ihnen ein Formular für die Versicherung.
Je vous donne une attestation pour votre assurance.
ğö wuh donn ühn attestaß_jon(g)_ puhr wotr assür_ah(n)_ß

Wo kann ich einen Leihwagen bekommen?
Où est-ce que je peux me procurer une voiture de location?
*U eskö ğö pö mö prokür_eh_ ühn woat_ühr_ dö lokaß_jon(g)_*

Hier ist die Adresse der Autovermietung.
Tenez. Voici l'adresse de la location de voitures.
*Tön_eh_. Woaß_i_ ladr_eß_ dö la lokaß_jon(g)_ dö woat_ühr_*

Verkehrsunfall

Die wichtigsten Begriffe

> Begriffe

Abschleppdienst	le service de dépannage
	ßer<u>wiß</u> dö dehpan<u>naǧ</u>
abschleppen	remorquer
	römor<u>keh</u>
Abschleppseil	la câble de remorquage
	kabl dö römor<u>kaǧ</u>
Arzt	le médecin
	mehd<u>ßäh(n)</u>
Auto	la voiture
	woa<u>tühr</u>
Benzin	l'essance (f)
	les<u>sah(n)</u>ß
beschädigt sein	être endommagé(e)
	ätr ah(n)doma<u>ǧeh</u>
Ersatzteil	la pièce de rechange
	pjeß dö rö<u>schah(n)</u>ǧ
fahren	rouler
	rul<u>eh</u>
Feuerwehr	les pompiers (m)
	po(m)<u>pjeh</u>
Führerschein	le permis de conduire
	per<u>mi</u> dö koh(n)<u>düihr</u>
geplatzt sein	être crevé(e)
	ätr krö<u>weh</u>
kaputt sein	être cassé(e)/être en panne
	ätr kas<u>seh</u>/ätr an(g) pann
Kraftfahrzeug-	la carte grise
schein	kart grihs
Krankenhaus	l'hôpital (m)
	lopi<u>tal</u>
Krankenwagen	l'ambulance (f)
	lah(m)bü<u>lah(n)</u>ß
Mechaniker	le mécanicien/le garagiste
	mehkani<u>ßjäh(n)</u>/garaǧ<u>ist</u>
Panne	la panne
	pann

Notfälle

Polizei	la police *poliß*
Reparatur	la réparation *rehparaßjon(g)*
Reservereifen	le pneu de secours *pnö dößkuhr*
Sicherheitsgurt	la ceinture de securité *ßäh(n)tühr dö ßeküriteh*
Unfall	l'accident (m) *lakßidan(g)*
Unfallbericht	le constat *koh(n)ßta*
Verbandkasten	la boîte à pansement *boatt a pah(n)ßman(g)*
verletzt sein	être blessé(e) *ätr blesseh*
Versicherung	l'assurance (f) *lassürah(n)ß*
Versicherungskarte, grün	la carte verte *kart wert*
Vertragswerkstatt	le garage concessionnaire *garaǧ kon(g)ßeßjonähr*
Vorfahrt	la priorité *prioriteh*
Warndreieck	le triangle de signalisation *triah(n)gl dö ßinjalisaßjon(g)*
Werkstatt	l'atelier (m) de réparation/ le garage *latäljeh dö rehparaßjon(g)/ garaǧ*
Werkzeug	les outils (m) *utih*
Zeuge	le témoin *tehmoä*

Ist nach einem Unfall lediglich ein leichter Blechschaden zu beklagen, wird in Frankreich zumeist auf das Einschalten der Polizei verzichtet. Bestehen Sie aber in jedem Fall darauf, dass vor Ort von allen Beteiligten ein genauer Unfallbericht angefertigt wird.
Um sich Scherereien mit der Versicherung zu ersparen, sollten Sie sich vor Antritt einer Reise nach Frankreich von Ihrem Versicherungsagenten unbedingt eine grüne Versicherungskarte ausfüllen lassen.

Die wichtigsten Redewendungen

Wendungen

Wo ist die nächste Reparaturwerkstatt?
Où est le garage le plus proche?
U ä lö gara̱g̱ lö plü prosch

Die Lenkung und die Zündung funktionieren nicht mehr.
La direction et l'allumage ne fonctionnent plus.
La direkßjon(g) eh lallüma̱g̱ nö fo(n)kßjonn plü

Bitte füllen Sie den Unfallbericht aus.
Remplissez le constat, s'il vous plaît.
Rah(m)plisse̱h lö koh(n)ßta̱, ßil wuh plä

Können Sie mir bitte Ihre Versicherungsnummer geben?
Pourriez-vous me donner le numéro de votre assurance, s'il vous plaît?
Purjeh-wu̱h mö donne̱h lö nümehro̱ dö wotr assüra̱h(n)ß, ßil wuh plä

Meine Frau ist verletzt.
Ma femme est blessée.
Ma famm ä blesse̱h

Bitte rufen Sie einen Krankenwagen.
Appelez une ambulance, s'il vous plaît.
Aple̱h ühn ah(m)büla̱h(n)ß, ßil wuh plä

Ich habe einen platten Reifen.
J'ai un pneu crevé.
ǧeh ön(g) pnö kröwe̱h

Könnten Sie mich bitte bis zur nächsten Tankstelle mitnehmen?
Pourriez-vous m'emmener jusqu'à la prochaine station-service, s'il vous plaît?
Purjeh-wu̱h mahmäne̱h ǧüßka la proscha̱nn ßtaßjon(g)-ßerwiß, ßil wuh plä

Der Zusammenstoß

Haben Sie mich nicht gesehen?
Vous ne m'avez pas vu?
Wuh nö ma<u>weh</u> pa wü

Wieso ich? Sie haben nicht aufgepasst!
Pourquoi? C'est vous qui n'avez pas fait attention.
Puhrko<u>a</u>? Bä wuh ki na<u>weh</u> pa fä attah(n)<u>ßjon(g)</u>

Ich hatte Vorfahrt, nicht Sie!
C'est moi qui avais la priorité, pas vous!
Bä mo<u>a</u> ki a<u>wä</u> la priori<u>teh</u>, pa wuh

Es ist besser, wir holen die Polizei.
Je crois qu'il vaut mieux qu'on appelle la police.
ĝö kro<u>a</u> kil wo mjö kohna<u>pell</u> la poli<u>ß</u>

Auch einen Arzt, bitte. Mein Mann blutet.
Un médecin aussi, s'il vous plaît. Mon mari saigne.
Ön(g) mehd<u>ßäh(n)</u> oh<u>ßi</u>, ßil wuh plä. Mon(g) ma<u>ri</u> <u>ßän</u>je

Ist es schlimm?
C'est grave?
Bä grahw

Nein, nur eine kleine Wunde.
Non, ce n'est qu'une petite blessure.
Non(g), ßö nä kühn pö<u>tit</u> bles<u>sühr</u>

Mist! Mein Wagen muss wohl in die Werkstatt.
Mince! Je crois qu'il va falloir aller au garage avec ma voiture.
Mäh(n)ß! ĝö kro<u>a</u> kil wa fallo<u>ahr</u> all<u>eh</u> oh gara<u>ĝ</u> a<u>weck</u> ma woa<u>tühr</u>

In der Werkstatt

Die wichtigsten Begriffe

> Begriffe

Abschleppdienst	le service de dépannage
	ßerwiß dö dehpannaġ
abschleppen	remorquer
	römorkeh
Abschleppseil	la câble de remorquage
	kabl dö römorkaġ
Auto	la voiture
	woatühr
Benzin	l'essence (f)
	lessah(n)ß
beschädigt sein	être endommagé(e)
	ätr ah(n)domaġeh
Ersatzteil	la pièce de rechange
	pjeß dö röschah(n)ġ
durchgebrannt	fondé(e)
	foh(n)deh
geplatzt sein	être crevé(e)
	ätr kröweh
kaputt sein	être cassé(e)/être en panne
	ätr kasseh/ätr an(g) pann
Kraftfahrzeug-schein	la carte grise
	kart grihs
Mechaniker	le mécanicien/le garagiste
	mehkanißjäh(n)/garaġist
Motorrad	la moto
	moto
Panne	la panne
	pann
Reparatur	la réparation
	rehparaßjon(g)
Reservereifen	le pneu de secours
	pnö dößkuhr
Unfall	l'accident (m)
	lakßidan(g)
überhitzt sein	être surchauffé(e)
	ätr ßürschofeh

Notfälle

1. l'antenne (f)
2. l'essuie-glace (m)
3. le capot
4. le phare
5. le pare-chocs
6. la roue
7. le pare-brise
8. le miroir
9. la portière
10. la poignée de porte
11. le toit
12. le changement de vitesse
13. le volant
14. le siège avant
15. le siège arrière
16. la vitre arrière
17. le coffre
18. le réservoir
19. le feu arrière
20. la plaque minéralogique
21. l'échappement (m)
22. le pneu

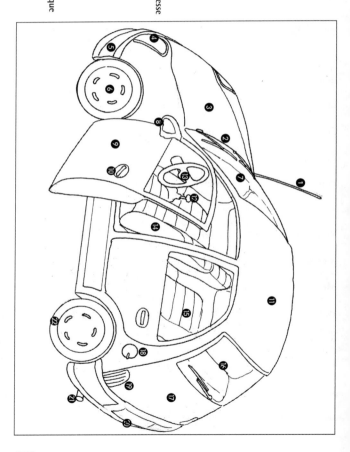

Einige Bezeichnungen für Werkzeuge, Fahrzeug- und Ersatzteile:

Achse	l'essien (m)	*lessjäh(n)*
Anlasser	le démarreur	*dehma<u>röhr</u>*
Batterie	la batterie	*batt<u>ri</u>*
Blinker	le clignoteur	*klinjo<u>tör</u>*
Bremsbelag	la garniture de frein	*gar<u>ni</u>tühr dö fräh(n)*
Bremse	les freins (m)	*fräh(n)*
Bremsflüssigkeit	le liquide pour freins	*li<u>kihd</u> puhr fräh(n)*
Dichtung	le joint	*ğoäh(n)*
Felge	la jante	*ğah(n)t*
Frostschutzmittel	l'antigel (m)	*lah(n)ti<u>ğel</u>*
Gang	la vitesse	*wi<u>teß</u>*
Getriebe	la boîte de vitesse	*bo<u>att</u> dö wi<u>teß</u>*
Hammer	le marteau	*mar<u>toh</u>*
Handbremse	le frein à main	*fräh(n) a mäh(n)*
Heizung	le chauffage	*schoff<u>ağ</u>*
Hupe	le klaxon	*klaxon(g)*
Inbusschlüssel	la clef pour vis à six pans	*kleh puhr wiß a ßi pah(n)*
Katalysator	le pot catalytique	*po katali<u>tik</u>*
Keilriemen	la courroie	*kuro<u>a</u>*
Klimaanlage	la climatisation	*klimatisa<u>ßjon(g)</u>*
Kreuzschlüssel	la clef en croix	*kleh an(g) kro<u>a</u>*
Kühler	le radiateur	*radja<u>tör</u>*
Kühlwasser	l'eau (f) de refroidissement	*loh dö röfroadiß<u>man(g)</u>*
Kupplung	l'embrayage (m)	*lah(m)bräja<u>ğ</u>*
Lichtmaschine	l'alternateur (m)	*lalterna<u>tör</u>*
Luftfilter	le filtre à air	*filtr a ähr*
Motor	le moteur	*mo<u>tör</u>*
Ölfilter	le filtre à huile	*filtr a ü<u>il</u>*
Schraubenschlüssel	la clef anglaise	*kleh ah(n)<u>glähs</u>*
Schraubenzieher	le tournevis	*tuhrn<u>wiß</u>*
Stoßdämpfer	l'amortisseur (m)	*lamortiss<u>ör</u>*
Tank	le réservoir	*rehser<u>woahr</u>*
Vergaser	le carburateur	*karbüra<u>tör</u>*
Zange	la pince	*päh(n)ß*
Zündkabel	le câble d'allumage	*kabl dallü<u>mağ</u>*
Zündkerze	la bougie	*bu<u>ği</u>*
Zylinder	le cylindre	*ßi<u>läh(n)dr</u>*
Zylinderkopf	la culasse	*kü<u>lass</u>*

verbraucht	usé(e)
	ü<u>seh</u>
verrostet	rouillé(e)
	rui<u>jeh</u>
verschmutzt sein	être sali(e)
	ätr ßa<u>li</u>

Notfälle

Versicherung	l'assurance (f) *lassürah(n)ß*
Versicherungs-karte, grün	la carte verte *kart wert*
Vertragswerkstatt	le garage concessionnaire *garaǧ kon(g)ßeßjonähr*
Werkstatt	le garage *garaǧ*
Werkzeug	les outils (m) *utih*

Wendungen

Die wichtigsten Redewendungen

Wo ist die nächste Reparaturwerkstatt?
Où est le garage le plus proche?
U ä lö garaǧ lö plü prosch

Die Batterie ist defekt; sie muß aufgeladen werden.
La batterie est en panne; il faut la recharger.
La battri ätan(g) pann; il foh la röscharǧeh

Der Motor hat Öl verloren.
Le moteur a perdu de l'huile.
Lö motör a perdü dö lüil

Die Zündkerzen müssen ausgewechselt werden.
Il faut changer les bougies.
Il foh schah(n)ǧeh leh buǧi

Könnten Sie bitte etwas Bremsflüssigkeit nachfüllen?
Pourriez-vous remettre un peu de liquide pour freins, s'il vous plaît?
Purjeh-wuh römettr ön(g) pö dö likihd puhr fräh(n), ßil wuh plä

Bitte schreiben Sie mir die Rechnung.
Faites-moi la facture, s'il vous plaît.
Fätt-moa la faktühr, ßil wuh plä

In der Kfz-Reparaturwerkstatt

> Dialog

Könnten Sie den Wagen reparieren?
Pourriez-vous réparer ma voiture?
Purjeh-wuh rehpareh ma woatühr

Das sieht schlimm aus.
Ça a l'air grave.
ßa a lähr grahw

Ja, ich hatte einen Unfall.
Oui, j'ai eu un accident.
Ui, ĝeh ü ön(g) akßidan(g)

Ich fürchte, es wird einige Tage dauern.
Je crains que ça aille durer quelques jours.
ĝö kräh(n) kö ßa aij düreh kelkö ĝuhr

Wir wollten morgen weiterfahren.
Nous voudrions repartir demain.
Nuh wudrion(g) röpartihr dömäh(n)

Mit diesem Wagen geht das nicht.
Avec cette voiture, ce n'est sera pas possible.
Aweck ßett woatühr, ßö nä ßöra pa possibl

Ich werde einen Mietwagen nehmen.
Je vais prendre une voiture de location.
ĝö wä prah(n)dr ühn woatühr dö lokaßjon(g)

Sie können den Wagen in vier Tagen abholen.
Vous pouvez venir chercher votre voiture dans quatre jours.
Wuh puweh wönihr scherscheh wotr woatühr dah(n) katr ĝuhr

Notfälle

Beim Optiker

Begriffe

Die wichtigsten Begriffe

Aufbewahrungs-substanz	l'entretien quotidien *lah(n)trötjäh(n) kotidjäh(n)*
Auge	l'œil (m) *löj*
Augen	les yeux (m) *jö*
Brille	les lunettes (f) *lünett*
Brillenetui	l'étui (m) à lunettes *lehtüj a lünett*
Brillengestell	la monture *mon(g)tühr*
Brillenglas	le verre *währ*
Dioptrie	la dioptrie *dioptri*
Fernglas	les jumelles (f) *ğümell*
Hornhautverkrümmung	l'astigmatisme (m) *lastigmatism*
kaputt	cassé(e) *kasseh*
Kontaktlinsen	les lentilles (f) (de contact) *lah(n)tij (dö koh(n)takt)*
kurzsichtig	myope *mjop*
Optiker	l'opticien (m) *loptißjäh(n)*
Quittung	le reçu *rößü*
Rechnung	la facture *faktühr*
Reinigung	le nettoyage *nettoajağ*
Reinigungs-substanz	le liquide de nettoyage *likihd dö nettoajağ*

---

rechts
à droite
a droatt

links
à gauche
a gohsch

Kontaktlinsen
– harte
dures
dühr

– weiche
souples
ßupl

reparieren	**réparer**
	rehp<u>areh</u>
schielen	**loucher**
	lusch<u>eh</u>
Sehschärfe	**l'acuité visuelle (f)**
	lakü<u>iteh</u> wisü<u>el</u>
Sehvermögen	**la faculté visuelle**
	fakül<u>teh</u> wisü<u>el</u>
Sonnenbrille	**les lunettes (f) de soleil**
	lü<u>nett</u> dö ßol<u>ej</u>
verlieren	**perdre**
	perdr
Versicherung	**l'assurance (f)**
	lassür<u>ah(n)</u>ß
weitsichtig	**hypermétrope/presbyte**
	ipährmeh<u>trop</u>/pres<u>bit</u>
zerbrochen	**cassé(e)**
	kas<u>seh</u>

Die wichtigsten Redewendungen

Wendungen

Wo ist der nächste Optiker?
Où est l'opticien le plus proche?
U ä lopti<u>ßjäh(n)</u> lö plü prosch

Meine Brille ist kaputtgegangen; könnten Sie sie so schnell wie möglich reparieren?
Mes lunettes sont cassées; pourriez-vous les réparer le plus rapidement possible?
Meh lü<u>nett</u> ßon(g) kas<u>seh</u>; purjeh-<u>wuh</u> leh rehp<u>areh</u> lö plü rapid<u>man(g)</u> pos<u>sibl</u>

Ich habe keine andere Brille bei mir.
Je n'ai pas d'autre paire de lunettes sur moi.
ǧö neh pa dohtr pähr dö lü<u>nett</u> ßür mo<u>a</u>

Ich kann ohne Brille nichts sehen.
Sans lunettes, je ne vois rien.
ßah(n) lü<u>nett</u>, ǧö nö wo<u>a</u> ri<u>äh(n)</u>

Ich habe ein Brillenglas verloren.
J'ai perdu un verre de lunettes.
ǧeh per<u>dü</u> ön(g) währ dö lü<u>nett</u>

Ich möchte eine Sonnenbrille kaufen.
Je voudrais acheter des lunettes de soleil.
ǧö wu<u>drä</u> asch<u>teh</u> deh lü<u>nett</u> dö Bo<u>lej</u>

Ich brauche eine Sonnenbrille mit geschliffenen Gläsern.
J'ai besoin de lunettes de soleil avec correction.
ǧeh bösoä<u>h(n)</u> dö lü<u>nett</u> dö Bo<u>lej</u> a<u>weck</u> korrek<u>ß</u>jon(g)

Haben Sie auch Ferngläser?
Avez-vous aussi des jumelles?
Aweh-<u>wuh</u> oh<u>ßi</u> deh ǧü<u>mell</u>

Dialog

Die verlorene Kontaktlinse

Guten Tag. Kann ich Ihnen helfen?
Bonjour. Je peux vous aider?
Bon(g)<u>ǧuhr</u>. ǧö pö wuhsä<u>deh</u>

Ich hoffe es. Ich habe eine Kontaktlinse verloren.
Je l'espère. J'ai perdu une lentille.
ǧö les<u>pähr</u>. ǧeh per<u>dü</u> ühn lah(n)<u>tij</u>

Sind Sie kurz- oder weitsichtig?
Vous êtes myope ou hypermétrope?
Wuh<u>sät</u> mjop u ipährmeh<u>trop</u>

Kurzsichtig. Die Linse für das linke Auge fehlt.
Myope. C'est la lentille pour l'œil gauche qui me manque.
Mjop. Bä la lah(n)<u>tij</u> puhr löj gohsch ki mö mah(n)k

Möchten Sie eine harte Kontaktlinse?
Vous voulez une lentille dure?
Wuh wuleh ühn lah(n)tij dühr

Eine weiche Linse, bitte.
Non, une lentille souple, s'il vous plaît.
Non(g), ühn lah(n)tij ßupl, ßil wuh plä

Lassen Sie mich die Sehstärke prüfen.
Je vais vérifier votre acuité visuelle.
ĝö wä wehrifjeh wotr aküiteh wisüel

Ich habe minus 3,5 Dioptrien.
J'ai une myope de 3,5 dioptries.
ĝeh ühn mjop dö troa poäh(n) ßäh(n)k djoptri

Richtig. Sie können die Linse morgen abholen.
C'est correct. Vous pouvez venir chercher la lentille demain.
ßä korrekt. Wuh puweh wönihr scherscheh la lah(n)tij dömäh(n)

Vielen Dank. Auf Wiedersehen.
Merci beaucoup. Au revoir.
Merßi boku. Oh röwoahr

Notfälle

Die wichtigsten Wörter

A

Aal l'anguille (f)
abbiegen tourner
Abendessen le dîner
Abendkleid la robe de soirée
abends le soir
Abfahrt le départ
Abflug le départ
abheben retirer
Abmachung l'accord (m)
Abschleppdienst le service de dépannage
abschleppen remorquer
Abschleppseil la câble de remorquage
Absender l'expéditeur (m)
Abtei l'abbaye (f)
Abteil le compartiment
Adresse l'adresse (f)
Altstadt la vieille ville
am Wochenende le week-end
Ampel le feu
Ananas l'ananas (m)
Andenken le souvenir
Andenkenladen le magasin de souvenirs
angeln pêcher à la ligne
Anhänger le pendentif
Ankunft l'arrivée (f)
Anlegestelle l'embarcadère (m)
Anmeldung la déclaration de séjour
Anorak l'anorak (m)
Anreisetag le jour de l'arrivée
Anruf le coup de téléphone/l'appel (m)
Anschluss la correspondance
anschnallen mettre la ceinture
Ansichtskarte la carte postale
Antibiotika les antibiotiques (m)
Antiquitäten les antiquités (f)

Anzeige la déclaration/la plainte
Anzug le costume
Aperitif l'apéritif (m)
Apfel la pomme
Apfelsine l'orange (f)
Apfelwein le cidre
Apotheke la pharmacie
Apotheker le pharmacien
Appartement l'appartement (m)
Aprikose l'abricot (m)
Arkade l'arcade (f)
Armband le bracelet
Artischocke l'artichaut (m)
Arzt le médecin
Atmung la respiration
Aubergine l'aubergine (f)
auch aussi
Aufenthalt l'arrêt (m)
Aufführung la représentation
Aufnahme (Film) la prise de vues et
  de son
Aufnahme (Foto) la photo
Auge l'œil (m)/Plural: les yeux (m)
Ausgang la sortie
Ausgrabungen les fouilles (f)
Auskunft le renseignement
Auslandsgespräch l'appel (m) à l'étranger
Aussichtspunkt le point de vue
Austern les huîtres (f)
ausverkauft complet
Ausweis les papiers (m)
Auto la voiture
Autobahn l'autoroute (f)
Autofähre le car-ferry
Autoreisezug le train autos-couchettes
Autovermietung la location de voitures
Avocado l'avocat (m)

B

Babynahrung la nourriture pour bébés
Babyöl l'huile (f) pour bébés
Babysitter le babysitter
Bäckerei la boulangerie
Bad la salle de bain
Badeanzug le maillot de bain
Badehose le slip de bain
Bademantel le peignoir
baden se baigner
Badetuch la serviette de bain
Badminton le badminton
Bahnhof la gare
Bahnsteig le quai
bald bientôt
Ball le ballon
Ballett le ballet
Banane la banane
Bank la banque
Bar le bar
bar en espèces
Bargeld l'argent liquide (m)
Basketball le basket
Batterie la pile/la batterie
bearbeiten étudier/travailler
Becher le gobelet
bedeckt couvert
Bedienung le service
Behandlung les soins dentaires (m)
Beipackzettel la notice
belästigen importuner
Belichtungsmesser le posemètre
Benzin l'essence (f)
Berg la montagne
Bergführer le guide de montagne
Bergschuhe les chaussures de montagne
bergsteigen faire de l'alpinisme (m)
beschädigt endommagé(e)
Bescheinigung l'attestation (f)
Beschwerde la réclamation
besetzt occupé
bestellen commander
Bestellung la commande
Betäubung l'anesthésie (f)
Betrag le montant/la somme
Bettwäsche les draps (m)
bewacht surveillé
bewölkt nuageux
bezahlen payer
BH le soutien-gorge
Bibliothek la bibliothèque
Bier la bière
Bikini le bikini/le deux-pièces
Bilderbuch le livre d'images
Billard le billard
billig bon marché
Biokost la nourriture biologique
Birne la poire
bitte s'il vous plaît
bitte sehr voilà
bleifrei sans plomb
Bleistift le crayon
Blitz l'éclair (m)/la foudre
Blitzgerät le flash
Blumenhändler le fleuriste
Blumenkohl le chou-fleur
Bluse le chemisier/la blouse
Blut le sang
Blutdruck, hoch l'hypertension sanguine(f)
Blutdruck, niedrig l'hypotension sanguine(f)
Bogen l'arc (m)
Bohnen les haricots (m)
bohren fraiser une dent
Bootsverleih la location de bateaux
Bordkarte la carte d'embarquement
Börse la bourse
Botanischer Garten le jardin des plantes
Bremse le frein
Brief la lettre
Briefkasten la boîte aux lettres
Briefmarke le timbre

211

Briefpapier le papier à lettres
Briefumschlag l'enveloppe (f)
Brillanten le brillant/le diamant
Brille les lunettes (f)
Brillenetui l'étui (m) à lunettes
Brillengestell la monture
Brillenglas le verre
bringen apporter
Brokkoli le brocoli
Brosche la broche
Brot le pain
Brötchen les petits pains (m)
Bruch la fracture
Brücke le pont/le bridge (Zahn)
Brunnen la fontaine/le puits
Buch le livre
Buchhandlung la librairie
Bucht la baie
bügeln repasser
Bungalow le bungalow
Buntstift le crayon de couleur
Burg le château (fort)
Bürste la brosse
Bus le bus/le car
Busbahnhof la gare routière
Butter le beurre

C

Café le café/le salon de thé
Camcorder le caméscope
Campingplatz le camping
CD-Laden le magasin de CD

D

Damenbinde la serviette hygiénique
Dampfer le bateau à vapeur
danke merci
Deck le pont
Decke la couverture

Denkmal le monument
Deo le déodorant
Dia la diapo(sitive)
Diabetiker le diabétique
Diafilm la pellicule pour diapos
Diamanten les diamants (m)
Dieb le voleur
Diebstahl le vol
diesig brumeux
Dioptrie la dioptrie
Dirigent le chef d'orchestre
Dom la cathédrale
Donner le tonnerre
Doppelzimmer la chambre pour deux personnes
Drogerie la droguerie
dunkel sombre
durchgebrannt fondé(e)
Dusche la douche

E

Ebbe la marée basse
Ei l'œuf (m)
Einbruch le cambriolage
einchecken faire les formalités d'embarquement
Einfahrt l'entrée (f)
Eingang l'entrée (f)
Einkaufspreis le prix d'achat
Eintrittskarte le billet
einzahlen verser
Einzelkabine la cabine individuelle
Einzelzimmer la chambre individuelle
Eisenbahn le chemin de fer
Elektrohandlung le magasin d'électroménager
Empfänger le destinataire
empfehlen recommander
Endstation le terminus
Ente le canard

Entzündung l'inflammation (f)
erbrechen, sich vomir
Erbsen les petits pois (m)
Erdbeere la fraise
Ermäßigung la réduction
Ersatzteil la pièce de rechange
Essen le repas
essen manger
Essig le vinaigre
Euroscheck l'eurochèque (m)

F

Fähre le ferry
fahren rouler/conduire
Fahrer le conducteur
Fahrkarte le billet
Fahrplan l'horaire (f)
Fahrrad la bicyclette/le vélo
Fahrradkorb le panier porte-bagages
Fälligkeit l'échéance (f)
fallschirmspringen faire du parachutisme
Familienzimmer la chambre familiale
Farbfilm la pellicule couleurs
Feige la figue
Felsen le rocher
Fenster la fenêtre
Ferienanlage le village de vacances
Ferienhaus la maison de vacances
Ferienwohnung l'appartement de vacances
Ferngespräch la communication interurbaine
Fernglas les jumelles (f)
Fernsehen la télévision
Festival le festival
Festung le fort
feucht humide
Feuerwehr les pompiers (m)
Feuerzeug le briquet
Fieberthermometer le thermomètre médical

Filet le filet
Filiale la succursale
Film la pellicule/le film
Filmkamera la caméra
Filter le filtre
Fisch le poisson
Fischgeschäft la poissonnerie
FKK-Strand la plage naturiste
Fläschchen (Baby) le biberon
Flasche la bouteille
Flaschenwärmer le chauffe-biberon
Fleckentferner le dégraisseur
Fleisch la viande
Fleischerei la boucherie/la charcuterie
Flugsteig l'aire (f) d'embarquement
Flugzeug l'avion (m)
Fluss la rivière
Flut la marée haute
Forelle la truite
Foto la photo
Fotoapparat l'appareil (m) photo
Fotolabor le laboratoire photographique
Fracht le fret/le chargement
Frachtbrief la lettre de chargement
Frachtkosten les frais (m) de transport
frankieren affranchir
Friedhof le cimetière
frisch frais/fraîche
Frost le gel/la gelée
früh tôt
früher plus tôt
Führerschein le permis de conduire
Füllung (Zahn) le plombage
Fundbüro le bureau des objets trouvés
Fußball le football
Fußballplatz le terrain de football

G

Galerie la galerie
Gans l'oie (f)

Garantie la garantie
Garderobe le vestiaire
Garnelen les crevettes (f)
Gasthaus l'auberge (f)
Gebäude le bâtiment/l'édifice (m)
geben donner
Gebirge les montagnes (f)
Gebiss le dentier
Gebühr le tarif/les frais (m)
Gebühreneinheit l'unité (f)
Geburtshaus la maison natale
Gefängnis la prison
Geflügel la volaille
gehen aller
Geld l'argent (m)
Geldautomat le distributeur de billets
Geldschein le billet
Gemälde la peinture/le tableau
Gemeinschaftsraum la salle commune
Gemüse les légumes (m)
Gemüsehändler le marchand de légumes
Gepäck les bagages (f)
Gepäckaufbewahrung la consigne
geradeaus tout droit
Gericht (Essen) le plat
Geschenkpapier le papier cadeau
gestern hier
Getränke les boissons (f)
Getränkekarte la carte des boissons
Gewitter l'orage (m)
Gewürze les épices (f)
Glas le verre
Glatteis le verglas
Gleis la voie
Glockenturm le clocher
Gold l'or (m)
Golf le golf
Grab la tombe
groß grand
Größe la grandeur/la taille
Gummistiefel les bottes en caoutchouc

Gurke le concombre
Gürtel la ceinture
Guten Appetit Bon appétit

H

Haargel le gel coiffant
Haarklammer la pince à cheveux
Haarspray la laque (à cheveux)
haben avoir
Hackfleisch la viande hachée
Hafen le port
Hagel la grêle
Halbschuhe les souliers (m)
halbtrocken demi-sec
Halstuch le foulard
Hammelfleisch le mouton
Handarbeit fait à la main
Handball le handball
Handcreme la crème de soins pour mains
Handel le commerce
Handelsspanne la marge commerciale
Handschuhe les gants (m)
Hauptrolle le premier rôle
Hauptsaison la haute saison
Haus la maison
Hausbesitzer le propriétaire
hausgemacht fait maison
Hausschuhe les chaussons (m)
Haustier l'animal domestique (m)
Hauswein la cuvée du patron
Hautcreme la crème de soins
Heftpflaster le sparadrap/le tricostéril
heiß chaud
heiter beau
Heizung le chauffage
hell clair
Helm le casque
Hemd la chemise
Herbergseltern les parents aubergistes (m)
Herstellung la production

heute aujourd'hui
Himbeere la framboise
Hirsch le cerf
Hitze la chaleur
HIV-positiv séropositif/ -tive
Hochseefischen la pêche en haute mer
Hockey le hockey
Hof la cour
Höhle la caverne/la grotte
homöopathisch homéopathique
Honig le miel
hören entendre/écouter
Hornhautverkrümmung l'astigmatisme (m)
Hose le pantalon
Huhn le poulet
Hut le chapeau
Hütte le chalet

I

Imbissbude le snack
Impfung la vaccination
Import l'importation (f)
Innenstadt le centre ville
Insel l'île (f)
Inszenierung la mise en scène

J

ja oui
Jacke la veste
Jeans le jeans
jetzt maintenant
joggen faire du jogging
Jogginganzug les vêtements de jogging
Joghurt le yaourt
Johannisbeere le cassis
Jugendherberge l'auberge (f) de jeunesse
Jugendherbergsausweis la carte d'auberge de jeunesse
Juwelier le bijoutier

K

Kabeljau le cabillaud
Kabine la cabine
Kaffee le café
Kai le quai
Kajak le kayak
Kakaopulver le cacao en poudre
Kalbfleisch le veau
Kalkulation le calcul
kalt froid
Kamm le peigne
Kaninchen le lapin
Kanu le canoë
Kapelle la chapelle
Kapitän le capitaine
kaputt cassé/en panne
Karat le carat
Karies la carie
Kartennummer le numéro de la carte
Kartentelefon le téléphone à carte
Kartoffeln les pommes (f) de terre
Käse le fromage
Kasse la caisse
Katalog le catalogue
Kathedrale la cathédrale
kaufen acheter
Kaufhaus le grand magasin
Keramik la céramique
Kette la chaîne
Kiefer la mâchoire
Kieselstrand la plage de cailloux
Kinderarzt le pédiatre
Kinderbett le lit d'enfant
Kinderermäßigung la réduction pour enfants
Kinderkrankenhaus l'hôpital (m) pour enfants
Kinderportion la portion pour enfants
Kinderschuhe les chaussures pour enfants
Kinderspielplatz le terrain de jeux

215

Kinderwagen la voiture d'enfant
Kirche l'église (f)
Kirsche la cerise
klar clair
Klebeband le ruban adhésif
Klebstoff la colle
Kleid la robe
klein petit
Kleingeld la monnaie
klettern grimper
Klimaanlage la climatisation
Klippe le brisant, l'écueil (m)
Kloster le monastère
Kneipe le bistrot
Knoblauch l'ail (m)
Kochnische le coin-cuisine
Kohl le chou
Kokosnuss la noix de coco
kommen venir
Kompass la boussole
Komponist le compositeur
Kondome les préservatifs (m)
Konkurrenz la concurrence
können pouvoir
Konserven les conserves (f)
Konsulat le consulat
Kontaktlinsen les lentilles (f) (de contact)
Konzert le concert
Kopfsalat la laitue
kostenlos gratuit
Kostüm le tailleur
Kotelett la côtelette
Krabben les crabes (m)
Kraftfahrzeugschein la carte grise
Krankenhaus l'hôpital (m)
Krankenkasse la caisse de maladie
Krankenschein la feuille de maladie
Krankenversicherung l'assurance (f) maladie
Krankenwagen l'ambulance (f)
Krankheit la maladie

Krawatte la cravate
Kredit le crédit
Kreditkarte la carte de crédit
Kreuzfahrt la croisière
Kristall le cristal
Krone la couronne
Kuchen le gâteau
Kugelschreiber le crayon à bille
kühl frais/froid
Kunde le client
kurzsichtig myope
Küste la côte

L

Lachs le saumon
Landschaft le paysage
Landstraße la route nationale
Landwein le vin de pays
Lastwagen le camion
Lauch le poireau
Lebensmittelgeschäft l'épicerie (f)
Leber le foie
Lederwaren les cuirs/la maroquinerie
legen mettre
Leichtathletik l'athlétisme (m)
leihen louer
lesen lire
Lidschatten l'ombre (f) à paupières
lieben aimer
lieblich doux
Lieferant le fournisseur/le livreur
Lieferzeit le délai de livraison
Liegestuhl la chaise longue
Liegewagen la voiture-couchettes
Limonade la limonade
Lippenstift le rouge à lèvres
Lizenz la licence
Loch le trou
Lockenwickler le bigoudi
Luftfracht le fret aérien

Luftkissenboot l'hydroglisseur (m)
Luftmatratze le matelas pneumatique

M

machen faire
mager maigre
Mais le maïs
Make-up le make-up
manchmal quelquefois
Mandarine la mandarine
Mantel le manteau
Margarine la margarine
Markthalle les halles (f)
Marmelade la confiture
Maut le péage
Mechaniker le mécanicien/le garagiste
Medikament le remède/le médicament
Meer la mer
Meeresalge l'algue (f)
Meeresgrund le fond de la mer
Mehl la farine
Mehrwertsteuer la taxe à la valeur ajoutée (TVA)
Menge la quantité
Menü le menu
Messe la foire
Messing le cuivre jaune
Miesmuscheln les moules (f)
Miete le loyer
Milch le lait
Milchladen la crémerie
Mineralwasser, mit/ohne Kohlensäure l'eau minérale (f) (non) gazeuse
Minigolf le mini-golf
mit avec
Mitgliedskarte la carte de membre
Mittagessen le déjeuner
mittags à midi
Mode la mode
Modeschmuck les bijoux (m) fantaisie
Mofa la mobylette
Möhre la carotte
monatlich mensuel
morgen demain
morgens le matin
Motiv le motif
Motor le moteur
Motorboot le bateau à moteur
Motorrad la moto
Mountainbike le v.t.t. (vélo tous terrains)
Müll les ordures (f)
Mullbinde la bande de gaze
Mund la bouche
Münze la pièce
Münztelefon le téléphone à pièces
Muschel la coquille (f)
Museum le musée
Musical la comédie musicale
müssen devoir
Mütze le bonnet

N

nachmittags l'après-midi (m)
Nachtcreme la crème de nuit
Nachtdienst la garde de nuit
Nachthemd la chemise de nuit
nachts la nuit
Nagelbürste la brosse à ongles
Nagelfeile la lime à ongles
Nagellack le vernis à ongles
Nagellackentferner le dissolvant
Nagelschere les ciseaux (m) à ongles
nass mouillé
Nationalpark le parc national
Naturschutzgebiet le site naturel protégé
Nebel le brouillard
Nebenkosten les charges (f)
nehmen prendre
nein non
Nerv le nerf

Nichtraucher non-fumeurs
Nichtraucherabteil le compartiment non-fumeurs
Nichtschwimmer le non-nageur
nie jamais
Niederschläge les précipitations (f)
Nieselregen le crachin
nein non
Notarzt le médecin de secours
Notausgang la sortie de secours
Notizblock le carnet
Notrufsäule le téléphone de secours
Nudeln les pâtes (f)

O

Ober le serveur
Objektiv l'objectif (m)
Objektivverschluss l'obturateur (m) d'objectif
Obst les fruits (m)
Obstgeschäft la fruiterie
oder ou
oft souvent
ohne sans
ohnmächtig sein s'être évanoui
Ohrringe les boucles (f) d'oreille
Öl l'huile (f)
Ölwechsel la vidange
Oper l'opéra (f)
Opfer le victime
Optiker l'opticien (m)
Ortsgespräch l'appel local (m)

P

Päckchen le paquet
Paddelboot le canoë/le kayak
Paket le colis
Palas le palais
Panne la panne

Pannendienst le service de dépannage
Papier le papier
Papiertaschentücher les mouchoirs (m) en papier
Paprika le poivron
Parfüm le parfum
Parfümerie la parfumerie
Park le parc
Parkplatz le parking
Pause l'entracte (m)/la pause
Perle la perle
Petersilie le persil
Pfeffer le poivre
Pfeife la pipe
Pfeifentabak le tabac pour la pipe
Pferderennen la course de chevaux
Pfirsich la pêche
Pflaster le sparadrap
Pflaume la prune
Pilz le champignon
Pinzette la pince
Plantschbecken la pataugeoire
Platin le platine
Platz la place
Platzanweiser le placeur/l'ouvreuse (f)
Polizei la police
Polizeirevier le commissariat (de police)
Polizist l'agent (m) de police/le policier/le flic
Porto le port
Porzellan la porcelaine
Postamt la poste
Postkarte la carte postale
Postleitzahl le code postal
Preisliste la liste des prix
Programm le programme
Promille le taux d'alcoolémie
Prospekt le prospectus
Provision la provision
Puder la poudre
Pullover le pullover

Puls le pouls
Pumps les escarpins (m)

Q

Qualität la qualité
Qualle la méduse
Quark le fromage blanc
Quelle la source
Quittung le reçu

R

Rabatt l'escompte (m)/le rabais
Rad fahren faire du vélo/pédaler
Radiergummi la gomme
Radio la radio
Radlerkarte la carte pour cyclistes
Rasierapparat le rasoir
Rasiercreme la crème à raser
Rasierklinge la lame de rasoir
Rasierschaum la mousse à raser
Rastplatz l'aire (f) (de repos)
Rathaus l'hôtel (m) de ville
Raucher fumeurs
Rauschgift la drogue
Rechnung l'addition (f)/la facture
Rechtsanwalt l'avocat (m)
rechtzeitig à temps
Regen la pluie
Regenmantel l'imperméable (m)
Regenschauer l'averse (f)
regnerisch pluvieux
Reh le chevreuil
Reifen le pneu
Reifenpanne le pneu crevé
Reinigung le nettoyage
Reis le riz
Reiseführer le guide
Reisepass le passeport
Reisescheck le traveller's chèque

reiten faire du cheval
Reparatur la réparation
reparieren réparer
Reservereifen le pneu de secours
Reservierung/Buchung la réservation
Restaurant le restaurant
Rettungsboot le canot de sauvetage
Rettungsring la bouée de sauvetage
Rettungsschwimmer le sauveteur
Rettungsweste le gilet de sauvetage
Rezept l'ordonnance (f)
Rezeption la réception/le bureau d'acceuil
Richter le juge
Richtung la direction
Rindfleisch le bœuf
Rock la jupe
roh cru
Rohkost les crudités (f)
Rohmilchkäse le fromage au lait cru
Röntgenaufnahme la radiographie
Roséwein le rosé
Rotbarbe le rouget
Rotwein le vin rouge
Rubin le rubis
Rückfahrkarte le billet aller-retour
Rucksack le sac à dos
Ruderboot le bateau à rames
rudern ramer
ruhig tranquil
Ruine les ruines (f)

S

Saal la salle
Saft le jus
Sahne la crème
Sakko le veston
Salat la salade
Salbe la pommade
Salz le sel
Sand le sable

Sandalen les sandales (f)
Sandstrand la plage de sable
Sanitäranlagen les installations sanitaires
Saphir le saphir
Sardinen les sardines (f)
Schafskäse le fromage de brebis
Schal l'écharpe (f)
Schalter le guichet
Schatten l'ombre (f)
schattig ombragé
Schauspiel le spectacle
Scheck le chèque
Scheckkarte la carte de chèques
Scheinwerfer le phare
Schellfisch l'aiglefin (m)
schielen loucher
Schiff le bateau
Schiffsagentur l'agence maritime (f)
Schiffskarte le billet (de bateau)
Schinken le jambon
Schinken, gekocht le jambon cuit
Schinken, roh le jambon cru
Schlafanzug le pyjama
schlafen dormir
Schlafsaal le dortoir
Schlafsack le sac de couchage
Schlafwagen le wagon-lit
Schlägerei la bagarre
Schlauchboot le canot pneumatique
Schloss le château
Schlucht la gorge
Schmerz la douleur
Schmuck les bijoux (m)
Schnee la neige
Schneefall la chute de neige
Schneeketten les chaînes (f) (à neige)
Schnittlauch la ciboulette
Schnorchel le tuba
Schnuller la sucette
Schock le choc
Schokolade le chocolat

schreiben écrire
Schreibwarenhandlung la papeterie
Schuhgeschäft le magasin de chaussures
Schuld la faute
Schwamm l'éponge (f)
schwanger enceinte
Schwangerschaft la grossesse
Schwarzweißfilm la pellicule noir et blanc
Schweinefleisch le porc
schwimmen nager
Schwimmflossen les palmes (f)
Schwimmflügel les flotteurs (m)
Schwimmreifen la bouée
Schwindel les vertiges (m)
schwül lourd
See le lac
Seekrankheit le mal de mer
Seeteufel la lotte de mer
Seezunge la sole
segeln faire de la voile
sehen voir
Sehschärfe l'acuité visuelle (f)
Sehvermögen la faculté visuelle
Seife le savon
Seil la corde
sein être
Selbstauslöser le déclencheur automatique
selten rare
Shampoo le shampooing
Sicherheitsgurt la ceinture de sécurité
Silber l'argent (m)
Slip (Damen) la culotte/le slip
Slip (Herren) le caleçon/le slip
Smaragd l'émeraude (f)
Socken les chaussettes (f)
Sonne le soleil
Sonnenbad le bain de soleil
Sonnenbrand le coup de soleil
Sonnenbrille les lunettes (f) de soleil
Sonnencreme la crème solaire

Sonnenöl l'huile (f) solaire
Sonnenschirm le parasol
sonnig ensoleillé
Spargel l'asperge (f)
spät tard
später plus tard
Speck le lard
Speisekarte la carte
Speisewagen le wagon-restaurant
Spiegel le miroir
Spiegelreflexkamera la caméra à miroir réflecteur
spielen jouer
Spielkarten les cartes (f) à jouer
Spielplatz le terrain de jeu
Spielwarenladen le magasin de jouets
Spielzeug les jouets (m)
Spinat les épinards (m)
Spirituosen les spiritueux (m)
Sportgeschäft le magasin de sport
sprechen parler
Sprechzimmer le cabinet de consultation
Spritze la piqûre
spülen rincer
Spülmittel le produit vaisselle
Spültuch la lavette
Squash le squash
Stadtmauer les remparts (m)
Stadtplan le plan de la ville
Stadtviertel le quartier
Stativ le (tré)pied
Statue la statue
Stau l'embouteillage (m)
Steak le steak
Steigeisen le crampon
Stellplatz la place
Steuer la taxe/l'impôt (m)
Stewardess l'hôtesse (f) de l'air
Stiefel les bottes (f)
stornieren ristourner
Stornierung l'annulation (f)

Strafzettel la contravention
Strand la plage
Straße la rue
Straßenkarte la carte routière
Streichhölzer les allumettes (f)
Strickjacke le gilet en tricot
Strom le courant/l'électricité (f)
Stromanschluss la connexion
Strömung les courants
Strümpfe les bas (m)
Strumpfhose le collant
Stuhl la chaise
Stuhlgang les selles (f)
stündlich une fois par heure
Sturm la tempête
stürmisch orageux
Supermarkt le supermarché
Suppe le potage/la soupe
Surfbrett la planche à voile
surfen faire de la planche à voile
Süßigkeiten les sucreries/la confiserie
Süßstoff la saccharine
Süßwarenladen la confiserie

T

Tabak le tabac
Tabakwarenladen le bureau de tabac
Tablette le comprimé
Tafelwein le vin de table
Tagescreme la crème de jour
Tagesgericht le plat du jour
täglich tous les jours
Tal la vallée
Tampons les tampons (m)
Tankstelle la station-service
Tanzbar la boîte
tanzen danser
Taschenbuch le livre de poche
Taschendieb le voleur à la tire
Taschentücher les muchoirs (m)

Tasse la tasse
tauchen plonger
Taucherausrüstung l'équipement de plongée
Taucherbrille les lunettes (f) de plongée
Tauwetter le dégel
Tee le thé
Teestube le salon de thé
Telefon le téléphone
Telefonbuch l'annuaire (m)
telefonieren téléphoner
Telefonkarte la télécarte
Telefonzelle la cabine téléphonique
Telegramm le télégramme
Teleobjektiv le téléobjectif
Tennis le tennis
Tennisplatz le court de tennis
Tennisschläger la raquette de tennis
Termin la date
teuer cher
Theater le théâtre
Theke le zinc
Thunfisch le thon
Tiefkühlkost les produits surgelés (m)
Tisch la table
Tischtennis le tennis de table
Toilette les toilettes (f)
Toilettenpapier le papier hygiénique
Tomaten les tomates (f)
Tor la porte
trampen faire de l'auto-stop
Treppe l'escalier (m)
Tretboot le pédalo
trinken boire
Trinkwasser l'eau potable (f)
trocken sec/brut
Tropfen la goutte
Tropfsteinhöhle la grotte à concrétions
Turm la tour
Turnen la gymnastique
Turnschuhe les baskets (m)

U

U-Bahn-Station la station de métro
Übelkeit le mal au cœur
Überfahrt la traversée
Überfall l'agression (f)
überhitzt surchauffé
übermorgen après-demain
überweisen virer
Uhr la montre
Uhrenarmband le bracelet (pour montre)
Uhrenladen l'horlogerie (f)
Umbuchung la modification
Umsatz le chiffre d'affaires
Umsatzsteuer la taxe sur le chiffre d'affaires (TCA)
Umtausch l'échange (m)
und et
Unfall l'accident (m)
Unfallbericht le constat
Universität l'université (f)
unschuldig innocent
Unterschrift la signature
Untersuchung l'examen médical (m)
Unterwäsche les sous-vêtements
Urin l'urine (f)

V

vegetarisch végétarien
Ventilator le ventilateur
Verbandkasten la boîte à pansement
verbinden passer
Verbindung la communication/la ligne
verbraucht usé
Verbrechen le crime
Vergewaltigung le viol
verhaften arrêter
Verkäufer le vendeur
Verkaufspreis le prix de vente
Verkehrsschild le panneau

verletzt blessé
verlieren perdre
verrostet rouillé
Versandkosten les frais (m) d'expédition
verschmutzt sali
Versicherung l'assurance (f)
Versicherungskarte (grün) la carte verte
Verspätung le retard
Verstauchung l'entorse (f)
Vertrag le contrat
Vertragsbedingung la condition contractuelle
Vertragswerkstatt le garage concessionnaire
Videokamera la caméra vidéo
vielleicht peut-être
Volleyball le volley
Vorfahrt la priorité
vorgestern avant-hier
vorher avant
vormittags le matin
Vorstellung la séance/la représentation
Vorverkauf la location
Vorwahlnummer l'indicatif (m)

W

Waffe l'arme (f)
Wagenheber le cric
Wagenwäsche le lavage
wählen (Telefon) faire le numéro
Währung la monnaie
Wald la forêt
Wanderkarte la carte de randonnée
wandern faire une randonnée à pied
Wanderschuhe les chaussures (f) de randonnée
Wanderweg le sentier balisé
wann quand
warm chaud
Warmwasser l'eau chaude (f)

Warnblinklicht le signal de détresse
Warndreieck le triangle de signalisation
Wartezimmer la salle d'attente
was quoi/que
Waschbecken le lavabo
Waschlappen le gant de toilette
Waschmittel la lessive
Waschraum les lavabos (m)/la salle d'eau
Wasser l'eau (f)
Wasserfall la cascade
Watte le coton
Wattestäbchen les cotons-tiges (m)
wechselhaft variable
Wechselkurs le taux d'échange
wechseln changer
Wechselstube le bureau de change
Wein le vin
Weinprobe la dégustation
Weinstube le bar à vin
Weintraube le raisin
Weißwein le vin blanc
weitsichtig hypermétrope/presbyte
Weitwinkelobjektiv l'objectif grand-angulaire
Wellen les vagues (f)
wer qui
Werbung la publicité
Werkstatt l'atelier (m)/le garage
Werkzeug les outils (m)
Weste le gilet
wickeln emmailloter/langer
Wickeltisch la table à langer
wie comment
wieso pourquoi
wieviel combien
Wildschwein le sanglier
Wimperntusche le rimmel
Wind le vent
Windel la couche
windig venteux
Wintersport les sports (m) d'hiver

223

Winzer le vigneron
wissen savoir
wo où
wöchentlich hebdomadaire
woher d'où
wohin où
Wohnmobil le camping-car
Wohnwagen la caravane
Wolke le nuage
wolkig nuageux
wollen vouloir
Wörterbuch le dictionnaire
Wunde la blessure/la plaie
Wurst la charcuterie
Wurstaufschnitt la charcuterie
Würstchen la saucisse
Wurzel la racine

Z

zahlen payer
Zahlung le paiement
Zahn la dent
Zahnarzt le dentiste
Zahnarztpraxis le cabinet de dentiste
Zahnbelag le tartre
Zahnbürste la brosse à dents
Zahnfleisch la gencive
Zahnfleischbluten la gingivorragie
Zahnpasta le dentrifice
Zahnprothese la prothèse dentaire
Zahnschmerzen le mal aux dents
Zahnstocher le cure-dent
Zeitschrift la revue/le magazine
Zeitung le journal
Zeitungshändler le marchand de journaux
Zelt la tente
zerbrochen cassé
Zerrung la foulure
Zeuge le témoin
Ziegenkäse le fromage de chèvre
ziehen (Zahn) arracher/extraire
Zigaretten les cigarettes (f)
Zigarillos les cigarillos (m)
Zigarre le cigare
Zinsen les intérêts (m)
Zitrone le citron
Zoll la douane
Zucchini les courgettes (f)
Zucker le sucre
Zug le train
Zuschauerraum la salle de spectacle
Zuschlag le supplément
Zweitaktgemisch le mélange deux-temps
Zwiebel l'oignon (m)
Zwischenlandung l'escale (f)